# 「完熟」の老い探究

## プラトン・アリストテレス・キケロも悶々（もんもん）

瀬口昌久
Seguchi Masahisa
名古屋工業大学教授

さくら舎

# はじめに

「では、哲学するとは、いったいどういうことだろうか？」と、ぼくはたずねた。

「ほかでもなく、ソロンが言ったとおりです。ソロンによれば、『私は老いる、つねに多くのことを学びつつ』と。私もそのように、哲学する者なら若くても老いても、生涯を通してできるかぎり多くことを学ぶため、何か一つでも学びつづける必要があると思います」

（伝プラトン『恋がたき』）


哲学とは何かというソクラテスの問いに対し、対話相手の若く美しい青年は、老年になっても多くを学べるという賢人ソロンの言葉を引き合いに出します。哲学と老年がいきなり結びつけられるのは、不思議な感じがするかもしれません。しかし、２５００年前の古代ギリシアの時代から、老年や老いは、哲学者が真剣に考えてきたテーマだったのです。

西洋哲学の祖と呼ばれるプラトンは、主著『国家』の冒頭で、「老いは険しい道か、楽しい道か」と問いかけ、老年について論じました。プラトンは、老年になるとさまざまな欲望から解放され、自由と平和が与えられて、恵まれたときを迎えられると書いています。

これに対して、アリストテレスは、老年になると心身が衰(おとろ)え、卑屈(ひくつ)で臆病(おくびょう)、自己中心的で心が狭くなる、希望のない不安な年代として老いを描きました。プラトンとアリストテレスという、古代哲学の最も重要な二人の哲学者が、ともに老年を哲学のテーマにし、しかも、まったく反対の老年論を導き出したのです。

彼らの老年論をうけて、古代では老年を主題とした哲学著作が数多く書かれました。キケロの『老年について』が有名ですが、同じタイトルの哲学の著作が、紀元前4世紀から後2世紀くらいのあいだに数多く書かれました。古代世界には、「老年の哲学」というジャンルがあったのです。

古代の哲学者は老年についてさまざまな議論をしています。たとえば、老いは自然なことか、それとも病気の一種か。これは老いの仕組みや生理を考えることになるので、医学や自然学に関わります。

また、老化による身体の衰えは、心や精神の働きにどのような影響を与えるのか。老年になると必ず知的能力は落ちるのか、公(おおやけ)の仕事は何歳頃までつづけるべきなのか、などは古代から問題にされてきました。

そして、老いがすすみ、死が迫ってくると、死をどのように考えるかという大問題に直面することになるでしょう。

さらに、老人に対して、家族や社会はどのように向き合えばよいのか、政治や社会正義の問題にも発展します。

老年についての古代哲学の考察は、こうして医学、自然学、心理学、政治学などにも広がるのです。古代の哲学者は、それぞれの問題について、避けて通れない基礎的な問いを立て、いまでも老年について考えるときに必要な材料を与えてくれています。

哲学というとなにか堅苦しくて難しいイメージをもつ人が多いでしょう。現代哲学は、科学と同じく専門化と細分化が進んで、哲学用語を理解するのも難しくなっています。

しかし、古代哲学は、生き方や社会や自然について、人々が最初に疑問に思ったことを、道理にしたがって展開しています。彼らは日常の言葉で哲学したのです。

その哲学のいちばん基本となる問いは、

「この世界でどうすればよく生きることができるか」

です。

よく生きるという問題は、抽象的なことでありません。一人の人間が誕生から、成長し、老いて、死を迎えるそれぞれの段階において具体的に考えられるものです。

人生や社会の理想を考え、抽象的な議論をしていると思われる哲学者自身も、一個の人間として一回きりの人生を生きている。自分自身の老いに悩みながら、あるいは楽しみながら、よい生き方を考えているのです。

しかし、現代の哲学者や倫理学者は、自分が研究している哲学や倫理学を実践(じっせん)しているかというと、私自身を含めて疑問符がつきそうです。著名な倫理学者が不倫事件やアカハラを起こした、というニュースを聞いたりします。

古代の哲学者は、自分の哲学を実践しようとしたところが、とても魅力的です。ソクラテスがいまも私たちを魅了してやまないのは、みずからの哲学のとおりに、最期まで生き抜いたところだと思います。

その教えに影響を受けた哲学者も、同じように自分の哲学を、なかには驚くような仕方で実践しようとしました。哲学がその人自身の生き方に結びついている、その人間くささが古代哲学の大きな魅力です。

そのため、本書では、ギリシア・ローマの哲学者の言葉を多く引用しています。彼らの言葉のなかに、老年をよく生きるヒントをきっと見出すことができるでしょう。

名古屋工業大学教授　瀬口昌久（せぐちまさひさ）

＊引用は、本書の叙述にあわせて、従来の翻訳も参考にしながら、ギリシア語やラテン語の原文から訳しています。

＊ただし、プラトンの『国家』は藤沢令夫訳、『法律』は森進一／加来彰俊／池田美恵訳、セネカの『人生の短さについて』は茂手木元蔵訳（以上、岩波文庫）を、わずかな変更を加えて用いています。また、第1章のギリシア悲劇の断片は、『ギリシア悲劇名言集』、岩波書店（1993年）から、第5章のセネカ『倫理書簡集』は、高橋宏幸訳、『セネカ哲学全集』第5巻、岩波書店（2005年）から借用しました。

目次◆「完熟」の老い探究──プラトン・アリストテレス・キケロも悶悶

## 4　哲学者たちが暮らした古代ギリシア世界

# 第2章　老年期はプラスかマイナスか
## ――プラトン対アリストテレスの老年観

## 3　プラトンの「ポジティブ老年観」

## 第3章　老化、病気、性、死を考える

## 4　古代ギリシアの死生観

## 第4章　よく生き、よく考え、よく行動する

## 3 現実世界に哲学を活かす

## 第5章 哲学で手に入れる完熟の老い

### 1 徳を活かしてよく生きる



### 2 国や企業にこそ徳が必要

## 3　「充実した閑暇」という視点

# 「完熟」の老い探究

## ――プラトン・アリストテレス・キケロも悶々(もんもん)

# 第1章　古代から人は「老い」に悩んできた

# 1　古代の人は意外に長生きだった

## 不老長寿を夢みるのはいつの時代も同じ

不老不死や不老長寿を手に入れたいという人々の願いは、いつの時代、どこの国にもありました。ギリシア神話の神々や中国の仙人は不老不死ですし、ギリシアの悲劇や喜劇、詩人ホメロスの英雄叙事詩でも描かれてきました。現代でいうところのアンチエイジングもそうでしょう。古今東西、神ならぬ人は死や老いを遠ざけたいという願いを抱いてきたのです。

古代の英雄譚（たん）は、人間と神々が共演する世界です。英雄は女神と出会い、結ばれて、神に近い存在になります。英雄がすっかり気に入った女神から「おまえを不老不死にしてやろう」といわれるわけです。そのとき男はどうするか。

一つは、断る。トロイア戦争でギリシアを勝利に導いた英雄オデュッセウスは、それを拒否して家に帰ります。ホメロスの長編叙事詩『オデュッセイア』が描いたギリシア神話の世界です。オデュッセウスは女神カリュプソから永遠の命を与えるといわれたのですが、それを辞退して、人間として母国で死んでいく。老いて死んでいく道を選ぶという考え方です。

一方で、逆に永遠の生命をもらったけれど、だんだん老いさらばえていく。そのまま、いつまでも永遠に老いつづけていく。そんなストーリーが悲劇的に描かれたりもします。

美青年ティトノスに出会った暁（あかつき）の女神エオスは、彼をさらって自分の愛人にしました。女神に愛されるところまでは同じですが、その後が違った。女神は「不死」を約束しましたが、「不老」が抜けていたのです。

女神のほうは永遠に若いけれど、男はだんだんやせ細っていって、セミの抜け殻（がら）みたいな姿になっていきます。女神の愛はすっかりさめ、「老いは呪（のろ）わしくつらい」と嘆（なげ）いて天界へ去ってしまうのです。

ギリシア神話には、老いや容貌（ようぼう）の衰（おとろ）えに苦しむのが女ではなく男という話がほかにもあって、興味深いと思います。

## 古代の人は短命と思うのはまちがい

では、古代社会の人は早死にだったかというと、そうでもなく、じつは長寿者がたくさんいました。１００歳で、舞台で詩を朗読した女優ルッケイアがいました。昔から森光子（もりみつこ）さんみたいな人がいたわけです。名前が残っているぐらいだから、特筆すべきものとして残したのではないかと思います。

１世紀に生きた大プリニウス（ローマの博物学者・将軍）は『博物誌』という大百科全書を編み、歴史上実在した人物を書き残しています。

そこに記された統治者を見ると、アルガントニウスは40歳から80年間統治したし、ゴルギアスは１０８歳の長命だった。高官では98歳まで要職についたマルクス・ペルペルナ、１００歳の長寿を全うして、その間21回職務につくという記録を残したマルクス・ワァレリウス・コルウィヌスもいました。

哲学者を見ても長寿だったといえそうです。哲学者（愛知者）をはじめて名乗ったのは前６世紀に生まれたピタゴラス（ピュタゴラス）。彼は85歳くらいまで生きた。ギリシア最初の哲学者とされる前７世紀に生まれたタレスは、90歳くらいのときに体育競技の見物中に死去したといわれます。

哲学を学問として大成したプラトンは80歳で書きながら死んだ。その師であるソクラテスは70歳で死刑宣告を受け毒杯をあおいで死にましたが、その活動には最後まで衰えがなかったので、刑死しなければおそらくもっと長生きしたでしょう。

ローマの戸口調査による１２０歳を超える人の数と地域も記録されています。古代社会は、現代人の考えるような短命な社会ではなかったことがわかります。

ただ、赤ん坊から子ども時代を越えて生き延びることがなかなか困難。そこを乗り越えた人は、けっこう長命だったということになるでしょう。

## 「老親の面倒」「認知症」は古くて新しい問題

長生きの人が多かったため、現代と同じような老いをめぐる問題がいろいろとあり、人々は老年期について考えたり、悩んだりしていました。

もちろん、古代ギリシアの世界は核家族ではありません。自分の親や祖父母の世代がいる環境が多かった。それらの老人はいつまでも達者とはいきません。

親の面倒を誰がみるのか、老いてボケてきたらどうするのか――。認知症や介護などの問題は、すでに２５００年前のギリシアにも存在していました。老いをめぐる問題は古くて新しい問題だったのです。

実際には、親を捨てたり、親に対してひどく厳しい当たり方をした人たちもいたわけです。そういう人たちに対する、共同体としての対処もあったでしょう。老人をどうやって扱うかは、すごく大きな問題だったと思います。

現代のような保険制度は何もない。年金もない。だから、子どもが親の面倒をみるのは、当時は当たり前でした。その義務を果たさない子どもは、大きな問題になるわけです。

ちなみに、ストラボンという紀元前1世紀の地理学者が書いた『地誌』という本の中に、こんな話が出てきます。ギリシアのアテナイ（古代名。現アテネ）に近いのですが、ケオス島という島がある。そこに非情な掟がある。60歳になった者は有毒なドクニンジンを飲んで死なないといけない。そういう法律があった――。

姥捨て山や『楢山節考』を連想させる衝撃的な話です。『地誌』のこの記述は、メナンドロスという喜劇作家が書いているものから引用しているのですが、なぜこんな法律があったのでしょうか。

敵に包囲されて食料がなくなったときに、まず年をとった者から死んでいくことで全体を救う、という考え方がベースにあるとは思います。が、先ほど述べたように古代ギリシアはけっこうな長寿社会で、80歳とか90歳まで生きる老人もいたのです。『地誌』には特筆すべきこととして書いているので、逆にこんなことが一般的におこなわれてはいなかったことがわかります。ドクニンジンが、いちばん苦しまないですむ死に方なのでしょう。

一方、「寝たきりになった親は、厄介者か」という問いに対して、プラトンはその著作『法律』でこんなことを書いています。

親が寝たきりになって動けなくなったときにも、家族のために祈ることはできる。老父母のその祈りを神々は聞きたもう。だから、家の中の最も大切な神像だと思って大切にしなさい。

とてもいい考え方だなと思います。プラトンは伝統的なギリシアの価値観をもっていました。やっぱり、自分が親から受けたもの、恩恵を考えるのです。

日本でも、先祖からの恩恵ということをよくいいます。そうした意味での恩恵を、自分たちはこうむっているのだから、まず親を第一にして対するのが正しい。そんな考え方がプラトンにはありました。

ひるがえって現代、高齢者にまず新型コロナワクチンを打つのは、プラトンの立場からすれば当然のことだと思います。

## 何歳まで現役でいるか

公職についている人が老年になる。すると、いつまでつづけるのか、いつやめるのが望ましいか、という問題が起こるでしょう。『対比列伝（英雄伝）』を書いたプルタルコス（英語名はプルターク）が『老人は政治に参与すべきか』という著作を書いたのはそういう文脈だと思うのです。

現代でいえば、生涯現役か、引退か、という問題です。

「あなた、もう年だからやめたら」ということをいう人がたくさんまわりにいる。そういわれた友人から、「おれも、もう年だからそろそろ引退しようと思うのだが、どうだろう」と相談されて、プルタルコスは「老人になったからといって、引退してはいけない」という励ましと、その理由を述べています。

古代ギリシアやローマには、会社のような定年制はないのですが、軍隊だったら従軍する最終年齢が決まっています。46だったり、五十いくつだったり。そこで兵役(へいえき)が終わりますから、そういう意味でいうと、軍隊には定年はあることになります。

プラトンが考えた定年制が、『法律』のなかにあります。いちばん高齢なのは75歳まで。監査官という役職で、かなりの要職です。国政を握る行政トップの護法官(ごほうかん)は70歳。いまいわれている「70歳定年制」と同じです。

アテナイと並ぶポリス(都市国家)であるスパルタは終身制です。いちばん上の支配層にいる人たちは、終身という形になっていました。ローマでも元老院(げんろういん)は終身制です。

そういったシステムでいくと、やはり「元老院のお堅い古ぼけた老害の連中は……」という批判の声が出てきたでしょう。富と権力をもつ老人の終身制というのはかなりのものです。それは、もうほとんど死ぬ間際までということですから。

# 2　老いはみじめで嘆かわしいものだったか

## 百花繚乱の「老いの嘆き」

老いというのは厄介なものです。長生きすればするほど、病気がちになり、できないことがあれこれ出てくる。下り坂をおりていくばかり。

こうした老年の嘆きは古代にも当然ありました。ギリシア悲劇では「コロス（合唱隊）」が集団で歌うパートがありますが、老人たちによるコロスが、「老年というのは非常に惨めだ」と訴えたりしています。

ギリシア三大悲劇詩人のアイスキュロス、ソポクレス、エウリピデスは「老いの嘆き」をこんなふうに描いています。

「老いさらばえた者は、葉がすでに枯れ果てたように、三つ足（杖）で道を歩けども、子どもより力が劣り、白昼見る夢のよう」（アイスキュロス『アガメムノン』）

「老年にはありとあらゆる災厄が生じるものだ。思慮分別は消え去り、なすことは役に立たず、些細なことにのみこだわる」

（ソポクレス「断片」）


「ああ、老年とはなんと多くの病をもたらすことか」

（エウリピデス「断片」）


一方、そうした嘆きに対する批判的な目も生じてきます。


「年寄りどもは浅はかにも、老年や長生きは嫌なものだなどといって、死を願ったりするが、死が目の前にくると誰も死にたがらず、老年も苦にならなくなるのだ」

（エウリピデス『アルケスティス』）


耳が痛い言葉ですが、でも、人間はそういうものですね。

「早くぽっくり逝きたい」などと日頃いっている人は、けっこういると思います。早く死にたいとか、早くお呼びが来たらいいとか。でも、「あなたは、あと1週間の命ですよ」とか、「余命1ヵ月ですよ」といわれたら、急になんとか生き残ろうとあがく。

そういうところに、人間のリアリティーがあるのでしょう。老年期をいくら嫌がっていても、結局は生にしがみつく。生と死のあわいで揺れ動く人間の姿を、古代ギリシア悲劇はさまざまに描いています。

## 古代から連綿とつづく老賢者のイメージ

ホメロスの『オデュッセイア』には、ネストルという伝説の老将が出てきます。アポロンから人間の３倍の寿命を与えられたという話もある、いわゆる老賢者。心理学者ユングのいう集合的無意識の中で、時代や地域を超えてくり返しあらわれる象徴の一つとされる、「オールドワイズマン」です。

いまのイメージでいうと『スター・ウォーズ』のジェダイ・マスター、オビ＝ワン・ケノービやヨーダになるでしょうか。こうした老賢者キャラというのは、ホメロスの頃から延々とあるのです。豊かな経験があり、若者にはない知恵をもっています。忠告を与え、危機のとき若者を導いてくれます。

実際、古代ギリシアの世界でも、経験豊富な老賢者が政治のリーダーに助言したり、軍の参謀（さんぼう）になって将軍を助けるようなことがあります。

でも、そういう人は老人の中でもやはり限られた人なんですね。みんなが老賢者になるわけではありません。老賢者は、若いときから自分で自分を磨（みが）いて、ずっとよい生き方をしてきた。そういうことが前提にあるわけです。

老いたらみな老賢者になるなら、老賢者だらけになってしまう。そんなことはありえません。年をとったら必ず老賢者になれるのなら、早く年をとればいいわけですから、すごく楽ですが。

## 「老人は二度目の子ども」

実際にはたいてい、その反対の愚(おろ)かな老人になる。こちらのほうが主流なわけです。でも、それが人々にウケるのです。やっぱりリアルで説得力があるからでしょう。

だから、こういう老人を題材にして、文学者が本を書いてきました。意地悪で癇癪(かんしゃく)持ちで、せせこましくてケチで、といったキャラクターをつくり出すのです。

ギリシア喜劇の場合は、おもしろいことに老人が主人公になります。その老人が、いろいろなひどいことをやらかすわけです。まわりに迷惑をかけて困らせたり、めちゃくちゃなことをして憎まれる。しかし、どこか愛嬌(あいきょう)のある老人です。

老いても快楽や金銭を貪欲(どんよく)に追い求める、欲望全開の姿が笑いを引き起こします。そんなふうに老人が子どものような状態に還(かえ)っていくことを指して「老人は二度目の子ども」という慣用句もでき、のちにシェイクスピアの『お気に召すまま』にも使われています。

古代ギリシアから、この手の喜劇が延々とつくられつづけたので、それが老賢者と並んでヨーロッパの老人像のもう一つのイメージになりました。

老いた賢者もいるけれど、一方でこういう大胆(だいたん)でふてぶてしい老人もいる。老人像はみじめで嘆かわしいだけのイメージではありませんでした。そして、愚かな老人と対比する、ちょっとおっちょこちょいな若者というキャラクターも登場してきます。

一方、ギリシアより家父長権が強いローマになると、死ぬまでその家のおじいちゃんが権力をもちます。だから、権力者としての老人に対する反発が強くなります。「いつまでものさばっていやがって」というふうに変わってきて、そういう老人をとっちめる喜劇がたくさん書かれるようになります。

## 3　長生きだが枯れていなかった哲学者たち

### ソクラテスは〝脂ギッシュ〟な哲人

現代人のもつギリシア哲学者のイメージは、白髪(はくはつ)に白髭(しろひげ)の老賢者というものでしょう。ソクラテス（前5世紀生まれ）にも叡智(えいち)あふれる賢者のイメージを想像している方も多いかもしれません。

でも、ソクラテスは70歳ぐらいで刑死しているのですが、そのときにすでに青年となっていた子どものほかに、まだ小さな二人の子どもがいたのです。悪妻といわれたクサンティッペのほかに、一説によると、もう一人の若い妻がいたともいわれています。

そんな年で、若い奥さんをもらって子どもができてといったら、まだ全然、脂(あぶら)が抜けてないのではないか。禿頭(とくとう)の醜男(ぶおとこ)だったといわれますが、エネルギッシュならぬ〝脂ギッシュ〟な哲学者だったわけです。

さらに彼は、死ぬまですごい好奇心の塊(かたまり)で、いろいろなところへ出歩いていって、さまざまな人と精力的に話をしています。家をほったらかして、青年たちと問答をくり返してばかりの老人、想像するとちょっと変な感じがしてしまいますね。

ソクラテスは、枯れた哲人ではないのです。

新しいこと、すぐれたことにいつも関心をもっていました。あの人が知者だと聞いたら、男女を問わずその人を訪ねていって、あなたの知を教えてくださいという。あの若い青年が有望だと聞けば、その青年のところに行って話をしてみる。

風変わりだけど、エネルギッシュに知を求め、実際に行動しつづける。だから長生きだったのだと思います。

## 哲学者はなぜ長生きなのか

ギリシア哲学者はソクラテス以外にも長生きした人がけっこういたと先に書きました。なぜ哲学者が長生きなのか。これには二つ理由が挙げられるでしょう。

一つは、彼らが老いても知的活動をやめず、好奇心をもって知を追究したからです。いまふうにいえば、「老化防止の脳トレ」に励んでいた、ということになるでしょう。

ソクラテスは文字で書き残すことには関心がなく、対話のなかで相手の矛盾をつき、一問一答で相手の同意を確認したうえで議論を深める「問答法」によって真実の知を追究しました。たとえば『パイドン』には、刑死の間際に、シミアスという若者と対話するソクラテスがこんなふうに描かれています。

「まったくそのとおりです」とシミアスは言いました。
「では、浄化(カタルシス)というのは結局、先ほどの議論でも言われているように、魂をできるかぎり肉体から切り離すこと、そして、魂が肉体のあらゆる箇所から自分自身のうちに集中し結集して、いわば肉体という束縛から解放されて、現在も将来もできうるかぎり、ただ自分自身だけで生きるよう習慣づけることになるのではないだろうか」
「たしかにそのとおりです」と彼は答えました。

（プラトン『パイドン』）

みずからの刑死の直前までも、こんな対話を、飽くことなくくり返しているのです。しつこいといえばしつこい。ですが、頭をフル回転させて、しかも本人は好奇心旺盛ですから、新たな知が見えてくるのが楽しい。ふだんから、とても効果的な脳トレになっていたはずです。

こうした知を求める活動というものは、脳を老化させません。人生の終わりが近づいても、むしろ人をイキイキとさせ、若返らせるでしょう。

## 早熟の哲学者がいないのはなぜか

もう一つは、求められる能力の問題です。

思想を残すような哲学者となれば、それは早熟な人ではありえません。一方、数学や音楽、将棋などでは早熟の天才がありえます。最近だと、史上最年少記録を次々と塗り替えている藤井聡太(ふじいそうた)三冠の活躍が目覚ましいですね。そういった分野はいわゆる純粋理論の世界で、ルールがきっちり決まっているからでしょう。

問われるのはそのルールの中での計算能力です。非常に速い計算能力。そういったものは、やっぱり10代後半ぐらいからグワーッと伸びて20代前半にピークを迎え、その後は落ちてしまう。

結晶性知能とか流動性知能という言葉を聞いたことがあるでしょうか。心理学者ホーンとキャッテルによるものです。流動性知能というのは、新しい情報をすばやく処理する能力で、ピークが早くにきて、たいてい40代になると急激に低下します。だから、流動性知能がはたらく数学や音楽、将棋といった世界では、早熟の天才がありうるのです。

しかし、哲学というものはそうではありません。やっぱり言語の能力や理解力、洞察力などに関わっている知能だと思うのです。そういう知能は、結晶性知能のほうになる。

人間が経験していくなかでつくられる知能。経験と学習の中で蓄積され、結晶化されていく、あるいは熟成化されていく。そういう知能だと思うのです。

思想というのがそういうものでしょう。純粋理論だけではつくれない。後世に残るような哲学思想は一朝一夕にはできない。やっぱり長く生きる経験と学習のなかで熟成してできるものなのです。だから、20代で死んだ大天才の哲学者はおそらく一人もいないはずです。

それに近い例外として、せいぜい挙げられるのは、パスカルぐらいでしょうか。「人間は考える葦である」の名句で知られるパスカルはそれでも40歳ぐらいで死にますが、数学者・科学者であり、思想家としても知られています。

ただ、パスカルの『パンセ』は、生きているうちに出た本ではありません。死んでから編まれた本です。彼がいろいろ書き残したものをまとめた本。やはり、早熟の天才哲学者というのはありえない。そう思います。

哲学というものには、多くの経験が必要です。人のことを理解するには経験しないといけない。世界の諸相を理解しないといけない。

世界では、どんな問題が起こっているのか。どんな仕組みになっているのか。政治がどんなに汚いのかも含めて、そうしたことを経験しないと、世の中の仕組みもわからない。そういう意味では、年月が必要です。結果として、長く生きた哲学者が思想を残しているのです。

## 4　哲学者たちが暮らした古代ギリシア世界

### 小さいけれども美しいギリシアの文化

大英博物館に行ったときエジプト展示室のコレクションを見ましたが、びっくりするほど高度な文明です。展示品は彫刻や医療道具などでしたが、彫刻の出来はすばらしいし、近代的な医療技術のような道具も置いてあって、本当に驚きの一語に尽きます。ギリシアやアッシリアなど、これまでいろいろな古代文化の出土品を見てきましたが、エジプトとの彼我(ひが)の差は圧倒的です。

エジプトに比べるまでもなく、古代ギリシアは小さな文化なのです。メソポタミアやエジプトなど文明発祥の地である古代オリエント世界は、中東、アフリカにまたがる広大な地域です。それに遅れて地中海に登場したギリシアは、ポリス自体も小さい。ローマのように大帝国をつくったのでもない。アテナイとスパルタの戦いといっても、小さなポリス同士が連合して戦うという形になります。

小さいけれど、ギリシアの文化は美しいのです。力のローマに対して、美しいギリシア、アテナイという感じでしょうか。

ギリシアは、ものの一つ一つは小さいけれども美しい。それに対して、エジプトもローマも大きくてすばらしい。エジプト彫刻は象徴化が進んでいます。すぐれた医療技術をもっているくらいだから、土木技術もすばらしい。巨大なピラミッドもつくった。

エジプトは、どこか神話の世界と地つづきになっている部分があります。そこがギリシアと違う。ギリシアには神話の世界もあるけれども、「合理性」というものがしっかり根づいています。

ギリシアは、あくまでも、どこまでも合理性を追究する。そこに神様が急に入ってきたりはしません。もちろん神々はいて信仰はあるのですが、合理的精神はそれと同じ地平に並ばないようなところがあります。

それゆえ、古代ギリシアで今日の民主主義（デモクラシー）の基礎となる民主制（デーモクラティアー）が誕生したのです。

ポリスの政治は、その構成員である市民による演説、対話での相手の説得です。合理的な議論（ロゴス＝理論）が重んじられます。なぜそうなったかといえば、やはりポリスが小さかったからでしょう。エジプトなどは大帝国ですから、官僚制の確立も含めての王政です。

ポリスは構成員である市民の自治によって成り立っています。市民は参政権をもち、戦争時には国防を担（にな）います。小さなポリスでは、それこそ市民が自分たちの手で国家を運営していく。大きなポリスでは、直接民主制のルールが整っていく。

ポリスでは、自分たち一人ひとりの言論で、国を動かすことができるのです。そういう場面では、大きな声を出して相手を威圧するのではなくて、合理的な議論によって相手を説得する。「私はこう考える」「あなたのその考えはおかしい」という言論のやりとりによって、国家の道筋が決まっていくのです。日本では、なかなかそうならないですけれど。

この点が、ギリシアが他の文化とは違うところだと思います。民主主義がギリシアではじまったということが、古代ギリシア人の合理性をより進め、小さくても美しい文化につながったのではないかと思います。

## ギリシアは歴史の浅い若い文化

もう一ついえるのが、古代ギリシアの文化は、青年の文化、若い文化ということです。オリエントやエジプトと比べたら、歴史が浅くとても若い。

プラトンはこう書いています。自分たちギリシア人は、エジプトと比べたらまだほんの子どもだ。エジプトのほうがはるかに長い文明をもつので、成熟した歴史がある。それに比べて、自分たちはまだ若い。

これは文明史的な違いだと思います。エジプトは、紀元前３０００年頃からすぐれた高い文化がつづいています。紀元前８世紀頃からポリスの形成がはじまったギリシアの文化とは、かなりのレベル差があります。古代ギリシアも若かったのです。

## 兵士として戦ったソクラテス

古代ギリシアでは、よく戦争をしていました。国家とはいえ、ポリスという都市サイズの国家ですから、いまから見ると驚くほど小さい。そんなポリスがたくさんありました。プラトンが生きた前４世紀頃には、ギリシアには１５００ものポリスがありました。

各ポリスの人口も、何千人という単位です。アテナイのような例外的に大きいところでも、市民の数だけならせいぜい10万人、在留外人や奴隷を入れても30万人程度。大きなポリスであってもその程度ですから、小さなポリスは連合を組みながら戦争をしたのです。

ポリスが戦争する理由は、経済的な理由です。領地を増やす、あるいは奪われるのに抵抗する。そのために同盟する。ポリス同士の勢力争いです。

戦いには、それぞれのポリスの市民が出ていきます。いわゆる市民兵です。ローマ帝国のように傭兵や職業軍人が戦うのではありません。市民が戦う国だと、戦争ばかりしていると、市民がどんどん減ってしまいます。そこで戦争を抑制することもありました。

それでも、戦争はけっこうやっています。アテナイとスパルタが争ったペロポネソス戦争（紀元前431〜前404）は三十年戦争となり、国土が荒廃した。そのときに哲学が真剣に求められるようになるのです。プラトンはそんな戦後世代の人です。

戦争で、過酷で無慈悲な世界を経験するわけです。そうすると、どうしても考える。人間はどう生きたらいいのか。やっぱり真剣に考えざるをえない。このあたりは、日本の戦後と重なる部分があるでしょう。

プラトンの一世代前になるソクラテスは、兵士として従軍しました。自分で戦った世代です。彼は勇猛果敢な人だったらしく、戦で殿をつとめたそうです。ソクラテスは、戦場での死というものをかなり見たことでしょう。

古代ギリシアでは国家の形がいまと違っていて、軍隊をもたず、政府や官僚組織などがまだ整っていない時代です。そもそもポリスの規模が小さい。互いに顔を見知っている市民同士が運営にたずさわるので、ポリスは「俺たちの共同体」というイメージでしょうか。

だからポリスの兵士も、徴兵制だからというより、戦いに出ていくのが市民のつとめだからと、兵士になりました。戦時に組織される軍隊は自分たちの防衛組織ですから、市民が戦う。

まず国家があって、市民から税を収奪するという考え方でもないのです。実際にまったく税を取らなかったポリスもありました。

国家というと、現代では権力構造とか、暴力装置とか、そんなふうにイメージしてしまいがちですが、そうではない。昔の民主制のポリスのイメージにいちばん近いのは、国民皆兵（かいへい）の国是をもつスイスかもしれません。国家を市民みずからが運営する。直接民主主義で決めていく。政治家ではなく市民が、民会で決めていく。

哲学者は、民会での議論が意味あるものとなるように、議論の進め方、組織のあり方を哲学的に考えていました。

## オリンピックと戦争の深い関係

ギリシアは、オリンピック発祥の地です。戦争が多かったギリシアでなぜオリンピックが生まれたのか。じつはスポーツは戦争と関係が深いのです。

ギリシアにおけるスポーツは、戦争の代替、代償行為という面があります。戦争をしないための、エネルギー発散の一つの方法だと思います。ルールをもって互いに競技し、相手を殺さないで戦う。拳闘にしても、ある程度の制限がありました。

人間には、闘争本能がやっぱりある。戦いたい。そういう激しいエネルギーを、スポーツに昇華させていくのです。

そして、オリンピック開催中は、戦争をしない。その間は休戦し、平和に競技をします。各ポリスを代表して来る選手や観客には、往復の旅の安全も保障されました。

この「休戦協定（エケケイリアー）」は前8世紀に制定され、ローマ帝国がキリスト教を国教とし、393年にオリンピックを禁止するまで、約1200年のあいだ守られました。「手（ケイル）をつなぐ」を意味するエケケイリアーの精神は、将来も受け継がれてほしいものです。

スポーツが盛んになるのはいいことかもしれません。ただ、スポーツには戦争の代替という面があります。近代オリンピックに、聖火リレーのセレモニーを採り入れたのはヒトラーでした。古代オリンピックの開催地オリンピアからベルリンまで聖火リレーをして、人々の関心を集め、スポーツが生む熱狂を、ナチス政権の宣伝や民族意識の高揚に利用したのです。

## ギリシア人の一般的な人生は？

古代ギリシアの人々はどんな暮らしぶりだったか、いくつか紹介しましょう。

ふつうの一般的なギリシアの市民は、男性は35歳ぐらいまでに結婚しました。女性はわりと若くて20歳前くらいで結婚する。けっこう夫婦の年齢差があります。15歳ぐらいの開きがあって結婚して、そこで子どもができて、40代になって両親が老いていくと、両親から家督（かとく）を譲ってもらう。

両親が家政の現場から退くという形になって、子どもが親の面倒をみて、親を養います。そのとき親は、もう60過ぎになります。このあたりが老年のはじまりになるでしょう。

そういう年齢で第一線から外れて、家督は子どもが引き継ぐ。親は子どもに養ってもらう身分になります。親は家政に対して助言を求められたとしても、もう権力はないわけです。その後の時期は、余生かもしれない。

余生の毎日をどう過ごすかというと、芝居を見たり、老人同士で集まってパーティーみたいなことをしていたのではないでしょうか。隠居（いんきょ）のご老人が集まってゲームをしたりするのは、いまのヨーロッパでもよくある風景です。

## 〝丁稚奉公〟の労働力が支えた社会

ローマもそうですが、ギリシア社会は奴隷の労働力に支えられていました。奴隷が基盤となる社会であるのは間違いありません。奴隷は売買され、所有物や財産だとみなされていました。

ただ、現代の私たちがイメージしている奴隷とは少し違うかもしれない。私たちは、奴隷というとアメリカの黒人奴隷のような悲惨な境遇をまず思い起こします。一方、ギリシアやローマの奴隷のなかには、社会の底辺よりも高い位置にのぼる人もいました。

知的な労働を担った人たちもいるわけです。肉体労働だけをやっているのではなくて、子どもの教育係や家の管理をしたり、マネジメントをしたりする奴隷もいる。そうすると、現代日本で〝社畜〟といわれているサラリーマンと同じような感じがしないでもない。繋ぎ止められて、丁稚奉公みたいなことをやらされているような感じです。ギリシア・ローマの時代から見たら、昔も今もそう変わらないねといわれるかもしれません。

ローマの場合は、解放奴隷という形で、ある年齢がきたら奴隷から解放される場合があります。丁稚奉公でいえば、年季明けのような感じです。また、政治家が選挙に勝つため、自分の奴隷を解放して、票を入れさせることもおこなわれたのです。
そのため解放奴隷が増えました。解放されたら市民となって、自分たちのやりたいことをする。金持ちに成り上がる者もいました。

## ポリスを構成する人々

市民の中でも働いている人はいます。ソクラテスの父親は石工（いしく）、母親は産婆（さんば）をしていたといわれています。スパルタでは「ペリオイコイ（周辺の民）」といわれている人たちの中に、そういう職人たちが入るでしょう。

ポリスの中心部ではなく、その周辺に住んでいるような人が、ペリオイコイ。城壁があったら、その城壁の外側にいる人たちです。ポリスには狭（せま）い意味での城下町があり、ペリオイコイはその外側にいて、都市に必要な、さまざまなものを供給しています。

「ヘイロータイ」というのは農奴（のうど）。いわゆる農業労働をする人たちです。農園がポリスの郊外、ペリオイコイの住む地域のさらに外側にバーッと広がっています。財政的基盤がここにあります。市民がそのヘイロータイを使って、郊外で農業をやるのです。ポリスの市民は土地をもっていて、農園経営によって自分たちの収入を得ています。

そこで、生活をよくするために領土を拡大していくという面が出てきます。あるいは、戦争でほかのポリスに土地を奪われないように戦う。自分たちのテリトリーを守るために、市民が武装して戦うという形になります。

そのほか、「メトイコイ」といわれる在留外人がいます。自由人ですが、そのポリス出身ではないため市民権はありません。ソクラテスやプラトンはアテナイ市民でしたが、ギリシア人植民地に生まれたアリストテレスはアテナイではメトイコイでした。

## 神託と占いと合理性が共存

古代ギリシアは多神教で、ゼウス以下のオリンポス十二神をはじめ、たくさんの神々を信仰しました。アテナイのアクロポリスの丘にある有名なパルテノン神殿は、アテナイの守護神である女神アテナを祀(まつ)ったところです。

神殿には神官や巫女(みこ)がいます。日本人が考える神官というと、神社の家の子どもが代々世襲(せしゅう)で継承するというイメージでしょう。古代ローマには、鳥で占う鳥卜官(ちょうぼくかん)という、神祇官(じんぎかん)のような公的な役職があります。ギリシアにもポリスや区が任命した神官がいました。名誉職で、すぐれた人が選ばれる。だから、神官になるのは大変な栄誉です。哲学者のプルタルコスもデルポイの神殿で神官の仕事をしています。

古代ギリシアでは神託(しんたく)、神のお告げが大きな影響力をもっていました。有名なのがソクラテスの神託です。友人がデルポイの神殿で伺（うかが）うと、「ソクラテスより賢い者は誰もいない」という神託がくだった。それを聞かされたソクラテスは神託の意味を確かめに歩きます。ソクラテスは知者を自認する人たちを訪問して、自分より賢い知者を見つけ出そうと問答する。ところが知をもっている人はどこにもいない。ソクラテスは自分が知者でないことを知っている。違いは、自分は知らないということを知っている点にある。

こうして神託の解釈を通して、ソクラテスは、「無知の知」を発見することになりました。神託をどうやって解釈するかが、大きな問題なのです。

ソポクレスが書いた『オイディプス王』も神託から悲劇が実現してしまう話です。神託は非常に重要なものでした。

ギリシア時代は、戦争をするときに神官が占いました。今日は赤い月が出ているから海に出てはいけないとか、そんなふうに戦争についても占ったのです。吉兆が出たから戦争に行くとか、出ないからやめるとか、占いにかなり左右される。古代ギリシアはそんな社会ですが、一方で哲学やロゴス、合理性を重んじる社会でもありました。

## ギリシアの悲劇と喜劇を市民は楽しんだ

ギリシアもローマも劇場が生活に深く関わっていました。ポリスの市民は、劇場が開くのを楽しみにしていました。やはりギリシアの悲劇とか喜劇はおもしろいですから。ただし、ブロードウェーとは異なり、いつもやっているわけではありません。

ディオニューシア祭という酒神ディオニュソス（バッカス）を祝う盛大な祭りがあり、そのときに新作劇のコンテストが開かれました。参加する悲劇詩人たちは、三つの悲劇と一つの短い笑劇をひとまとめに上演して競い合います。悲劇を三作品、サテュロス劇という滑稽（こっけい）な劇を一作品、上演する必要があったのです。そこで優勝者を決める。このコンテストで優勝したら大変な栄誉ですから、いろいろな悲劇詩人たちが自分たちの出し物をやります。

予選を通過した3人がそれぞれ一日にこの四作品を上演します。詩人たちは自信作を競い合い、それを市民が楽しむ。今年はあそこが一番だとかいって盛り上がりますが、詩人たちも優勝したらすごく名誉なことですから燃える。祭りの六日目には、五つの喜劇作品が上演されました。

コレーゴス（上演世話人）と呼ばれる相撲（すもう）のタニマチみたいなパトロンがいて、お金を出して興行します。俳優の日当やら必要経費を全部出して、自分の財力を一般の人々に見せつける。金持ちの道楽といったら道楽ですが、市民にそれを示すことによって、自分のステータスを上げるわけです。

こういう公共奉仕をすることによって、「次は選挙であなたが○○に選ばれますよ」という声を期待する。そういう意味合いもあるわけです。

演出家の蜷川幸雄（にながわゆきお）さんが、晩年に埼玉に55歳以上限定の老人劇団「さいたまゴールド・シアター」をつくりました。長くギリシア悲劇を演出された蜷川さんですから、やはりギリシアと関係があるかもしれません。ギリシア悲劇の場合、老人や年長者がコロスを演じる場面が多いのです。

アリストパネスの喜劇には、老人が主人公になった滑稽な話がたくさん出てきます。『女の平和』という作品では、わりと年長の女性たちが中心になって戦争反対のためにセックス・ストライキをやります。「戦争をやめなければ、われわれは性生活を拒否する」というストで男たちを動揺させ、ついには和平を実現するというストーリーです。

当時はペロポネソス戦争があり、アテナイが敗北しました。たくさん若者が死んだのです。それに対して女たちが反旗を翻（ひるがえ）すという構図です。

反戦を男にいわせると喜劇になりません。それを女にいわせ、しかもセックス・ストライキという滑稽な手段で訴える。その頃の観客の大半は男性ですが、女性たちのなかにもおもしろがって観た人はいたでしょう。芝居をするのはほとんど男ですが、女優も少数ながらいました。

ギリシアでは、若い女性は家にいるもので、自由に外出はできません。一人で外出できるようになるのは、中年になってから。では、そういう女性たちはこの喜劇を楽しんで、ひそかに溜飲（りゅういん）を下げていたのでしょうか。現代的な価値観でいうのではなく、当時でも、それはちょっと違うかもしれません。

アリストパネスが描く女性たちは、後述しますが、意地が悪く、好色に描かれ、当時の男性たちの固定観念や偏見が反映されています。女性の地位向上や男女平等を真面目に提案しているわけではないのです。

一般的にギリシアの市民社会では、女性は外に出て活躍できません。ただ、部分的にはある。神話や悲劇、喜劇といった話になると、女神とか女性が活躍します。実際の生活では、女性は表に出てこないけれども、物語とかそういう世界ではけっこう活躍しています。

## さまざまな教育システムがあった

市民層の教育はどうしたのかというと、子どもには家庭教師をつけて、自宅で読み書きなどを教えました。教師役は知的労働ができる頭のいい奴隷などが担います。奴隷に教わる、というと奇異な感じがするかもしれませんが、当時、本は召し使いに読ませ、それを聞くのが「読書」だったのです。

青年期になると、ソフィストという各地を渡り歩く職業教師について、弁論術や学芸一般を学ぶこともあります。

また、教育のためのギュムナシオンという公共の体育場があり、アテナイ北西部のギュムナシオンが設置された公園に、プラトンが「アカデメイア」という学園を開きました。優秀有望な青年たちを集めて、そこでプラトンと共同生活を送りながら哲学や数学、天文学などを学び、真理の探究にいそしみました。英知を身につけた政治家、いわゆる「哲人王」になるためです。彼らはアカデメイアを出ると自分のポリスに戻って、立法家として活躍するというのが一つのコースでした。

このアカデメイアが現在の「アカデミー（高等教育機関、学術団体）」の起源です。

アリストテレスはアカデメイアでプラトンに学びましたが、その後自分の学校「リュケイオン」をつくります。採取された標本を展示する博物館も併設され、実証的な研究がなされたようです。

アリストテレスを引き継いで二代目の学頭となった弟子のテオプラストスは、大著『植物誌』を書き残し、植物学の祖と呼ばれています。アリストテレスは、そういう意味では現代の科学者に近い感じがします。

# 第2章　老年期はプラスかマイナスか

## ――プラトン対アリストテレスの老年観

## 1　古代ギリシア哲学の基本をおさらい

### 根本・究極を考えた古代ギリシア人

哲学はギリシア語で「ピロソピアー（英語ではフィロソフィー）」、知（ソピアー）を愛することを意味します。哲学と聞くと観念的で難しい、と身構えてしまう方が多いようです。でも古代ギリシアの哲学は自然界の法則を探究する自然哲学を基礎にし、ふだんの暮らしや自然と結びついたことを、日常の言葉で考え、しゃべっています。難しい哲学用語などは使っていません。

すでにエジプトなどでは高度な建築や農業技術が発展していました。ギリシアの人々の関心は「ものごとを成り立たせている根本は何か」を追究することに向かいました。それを第一原理（アルケー）といい、最初のもの、はじまりという意味です。

ものごとの根本であるアルケーがわかれば、そこを出発点にして、この世界の森羅万象（しんらばんしょう）の仕組みがわかる。そしてそれは、理にかなったよい生き方に通じる。この思考方法が哲学の一つのパターンです。

紀元前6世紀に活躍した最初の哲学者タレスは「万物の根源（アルケー）は水である」といいました。

水はあらゆる生きものにとって必要不可欠です。生命は、水がなければ生きていけない。だから、すべての命にとって最も必要なのは水だ。そう考えて、水を究極のものとしたのです。ここから、のちに水だけではなく、火や空気、土の四元素を万物の根本とする考え方が生まれます。

アルケーという考え方が物質の構造そのものに向かうと、「物質は究極・最小・不可分の原子（ギリシア語でアトモン）からなる」とする原子論が登場します。

アルケーがいちばんわかりやすいのが数学です。ユークリッドの幾何学ですね。ユークリッドは紀元前3世紀のギリシアの数学者です。エウクレイデスというのが本当の名前で、ユークリッドは英語読みしたものです。

「2点をつなぐ直線は1本しか引けない」

これが根本の公理の一つで、最初の公理からいろいろな定理が論理的に導かれていきます。こういう論の進め方が、ギリシアの合理性というものでしょう。この合理性が、哲学や天文学などさまざまなものにつながるのです。

## 自然・宇宙は生きているという見方

先ほどのタレスの考え方には、一つの原理的基盤があります。宇宙の究極のものというのは、物質の原理であるとともに、生命の原理でなければならない、という考え方で、これは宇宙全体に拡大しても当てはまります。

古代ギリシアの哲学者の宇宙観というのは「生ける宇宙」なのです。人や生きものが生きているように、宇宙全体が生きている。現代にも、地球を一つの大きな生命体とみなす「ガイア理論」という考え方がありますが、それと似ていますね。

私たちの生きている世界というものは、単なる無味乾燥な物体でできているのではなく、命というものがみなぎっている。こういう考え方が、古代ギリシアの自然観の基礎になっています。基本になるのは、宇宙全体は生きているというとらえ方なのです。

そこから、究極の物質が同時に生命をもたらす原理でもある、という自然観になります。これがギリシア哲学の基礎になっています。プラトンもそうです。

ただし例外があり、原子論の考え方がそれです。それ以外は基本的には、宇宙自体が生きているという世界観です。

## 魂は輪廻転生すると考えたプラトン

では、人間は何がいちばん基本か。魂（たましい）と身体、それが基本だと考えます。日本人は漠然（ばくぜん）と、こころとからだ、というとらえ方をしますが、古代ギリシア哲学では魂という概念が出てきます。

魂とは何か。日本語で魂というと、ドロドロドローンという感じで火の玉みたいなイメージかもしれません。私は、あらゆる生きものの生命原理というふうにとらえるといいと思っています。

魂はギリシア語で「プシューケー」。英語の「サイコロジー（心理、心理学）」という言葉の「サイコ（psycho）」は、ギリシア語のプシューケーからきています。

つまり、サイコロジーとは魂のロジック。魂の論理が心理学なのです。「スピリット（精神やその霊的部分）」とはちょっと違います。

魂という考え方は大昔からありました。ただ、いちばん先鋭的に、哲学的に、きちっと考えたのはプラトンです。プラトン以前の哲学者たちは、魂と身体とをごちゃまぜに考えていました。

水を世界の根源と考えたタレスは、同時に、水が魂、命の生命原理の元だと考えました。しかし、そうすると水という物質が、同時に生命というものに直結してしまう。水という物質そのものが生命なら、一滴の水の中にも無数の生命があることになってしまいます。

プラトンは、ある時期から物質性をまったく排除した形で魂というものを考えるようになります。プラトンは魂を「自分で自分を動かすことのできる運動」と定義しました。そして、魂は不滅で、輪廻転生（りんねてんしょう）を経るという考え方をします。魂と肉体とが決別するのが死ですが、魂はそれでおしまいではない。魂を不滅とする考え方は、キリスト教以前にも、古代ギリシアの中にありました。

原子論はそうではありません。原子論は、魂も原子でできています。死とは、肉体が粉々になってしまうことだと考えます。魂も死んだらバラバラの原子になってしまうというのですが、プラトンの考えはそうではなく輪廻転生します。

## 魂とは「気」のことである

魂という訳語だと、どうもしっくりこない人もいるでしょう。なにかもっとピタッとくるものはないか。私は、プシューケーに日本語でいちばん近いのが「気」という言葉だと思います。

魂というものは、個人の魂、生命原理でもあるけれども、宇宙の原理でもある。これがプラトンの考え方です。個人においても宇宙を考えても、ものを動かすいちばんの原理がなにかあるはずだ。それが魂なのだとプラトンは考えた。

ものの起動因とか、動かす原理としての魂、動かす力の源みたいなものが魂です。物体の動きはあらゆるところにある。その物体の動きよりも魂の動きのほうが先んじている。でも、いまひとつイメージしにくい話ですね。

ところが、魂を「気」と考えたらわかりやすいのです。ちょっとびっくりですが、「気」です。「気」といえば何を連想するでしょうか。

私たちは、自分の気持ち、気分、元気、病気などといいますが、天気や気象という言葉も使います。電気や空気にも「気」が入っています。また、景気という言葉も使います。運気という言葉もあります。自分の身体だけでなく、社会の中に、世界の流れの中にも「気」というものがある。そういう社会全体や自然・宇宙を動かしている一つの気、気の流れのようなものが想定されています。

そういうものが、たぶんプシューケーの訳にいちばん近い日本語ではないでしょうか。「気」自体は目に見えない。でも、そのエネルギーが地球を含む宇宙全体に充満していて、生物と宇宙を支配している。いろいろなものを動かす力や生命力を与えて、それが固まると物質になる。さらに、それは知性を宿すものであり、知的な活動を通じて人間、自然界、宇宙全体を秩序づけていく。

どうでしょう、「プシューケー＝気」とすると、とてもわかりやすく感じませんか。

要するに、プシューケーというのは、人間から宇宙までを貫く、目には見えないエネルギーの流れみたいなものなのです。

自分の心とかプシューケーを秩序づけるものと、世界、宇宙を秩序づけるものとが共通の原理をもつという考え方から、「ミクロコスモス（小宇宙、すなわち人間）とマクロコスモス（大宇宙）が呼応している」というとらえ方も生まれてきます。

こうした見方は古代ギリシアだけでなく、世界各地の人々が長いあいだもっていたものではないでしょうか。日本にも、大自然の中で生かされている人間、という感覚が昔からあると思います。

「気」という言葉は中国っぽいですね。道教などに近いところがあると思います。中国の文化は日本の文化の中に流れ込んでいますが、古代ギリシアと中国もけっこう似ている部分があります。

ギリシア医学は、いわば漢方なのです。古代ギリシアの薬というものは薬草が中心で、あとは食事療法です。西洋風の化学薬品は、近代以降にできたものです。古代では、洋の東西の区別はないかもしれない。

また、孔子（こうし）や釈迦（しゃか）がいた頃とソクラテスがいた頃は紀元前6〜前5世紀、それほど大きな時代差がありません。古代ギリシアで世界に対する問いがはじまったときに、中国や北インドでも別の形で世界に対する問いを発する人間が出てきた。そこには、地域を超えた共通性があったと思います。

## 魂の浄化から音階を発見したピタゴラス

「直角三角形の斜辺の長さの2乗は、他の2辺の長さの2乗の和に等しい」というピタゴラスの定理でおなじみのピタゴラス。この人は数学者だと日本では思われているかもしれませんが、哲学者であり、そして宗教結社の親玉でもあります。彼は自分の教団を組織し、そのピタゴラス教団は、魂は輪廻転生するという考え方を掲げていました。

ピタゴラスは、魂が輪廻転生をくり返すのは一種の苦だと考えました。魂を清めることで、輪廻転生の苦しみの輪から抜け出せないか、そう考えました。仏教にちょっと似た考え方です。

その方法の一つは音楽です。音楽によって魂を浄化するわけです。私たちも気分が滅入(めい)ったときに音楽を聴いて心を落ち着けたりしますね。

ピタゴラスは音楽を研究して音階を発見しました。一弦琴(いちげんきん)（一本の弦を張った琴）でやると、1オクターブのドと次のドの弦の長さの関係が、ちょうど1対2になるのです。ド・ソとかド・ファとの音程も、1対3分の2とか、4分の3という長さの比になる。基礎的な音程が1と2と3と4の数であらわすことのできる音階が出てくる。

これがピタゴラス音階です。音階が数的に表現できるのです。一見、数とは何の関係もないと思っていた音楽が、数によって解明される。そこでピタゴラスは数学を研究する。この世界を支配しているのは、数的な比例関係だという発見をします。

数で表せる秩序が、この世界を支配している。それは音楽の世界だけではない。自然界のすべてがそうだ。天上界もそうだ。星と星との関係も音楽ではないか。星と星のあいだの距離によって音階が出るのだという考えに行き着きます。これが、天体の音楽です。魂を浄めるような調和のとれた音階、ハーモニーが宇宙には鳴り響いていると考えたのです。

宇宙をコスモスといいますが、コスモスはギリシア語で「秩序」のことで、「飾り」という意味もあわせもちます。そういう秩序立ったもので世界はできている。数的比例で支配された、美しいハーモニーのようなものが世界秩序なのだ。こういう考え方があるのです。

近代の音階には1オクターブを12等分する平均律という音階もあります。あれも小数点を発見した数学者と関係があります。数学と音楽はものすごく深い関係があるのです。

プラトンがアカデメイアで学生に教えていたのは、世界のなかに隠れている数的秩序を見出す数学的美学といえるかもしれませんね。そういう観点で音楽や幾何学を教えていた。

大学の教養教育、リベラルアーツのルーツである古代ギリシア・ローマの「自由七科（じゆうしちか）」（文法、修辞、弁証、算術、幾何、天文、音楽）の中に、音楽が外すことのできない位置を占めていたのは、こういうことが背景にあるのです。

教団の教祖ピタゴラスは、菜食主義でした。肉は食べない。輪廻転生ですから、その鶏は私の知っている誰々さんだなどといって、食べないわけです。いまでいうベジタリアンですね。19世紀まで、西洋ではピタゴラスは菜食主義者の代名詞でした。

## 酒の哲学に家の哲学、妻の哲学もあった

タレスからはじまった哲学は、このようにピタゴラス、ソクラテス、プラトン、アリストテレスなどたくさんの哲学者を輩出（はいしゅつ）し、エピクロス派やストア派などさまざまな学派も生みました。

哲学のテーマも多岐（たき）にわたり、いま聞くと「え、そんなことまで？」とびっくりするようなことまで、本当にさまざまなことを考えています。

クセノポンという哲学者は、畑にどんな野菜の種をまいたらいいかといったことを書いています。ポリスに住む人たちは郊外の農地を経営しているので、合理的な農地経営の方法として、こういう話も哲学の守備範囲だったわけです。どこに穀物を貯蔵したらいいのか、日

当たりのいい家をどうやってつくるのか、そんなことも必要になってきます。
「文句をいう妻をどうしたらいいか」という問題を取り扱ったのはキュニコス（犬儒）派のビオン。残念ながら著作が残っていないので、その極意はわかりません。

適度に酒をたしなみながら暮らしていただろうプラトンは、酒の哲学的効用を書いています。酒の上手な飲み方、いわば酒の哲学です。

若いときは、あまり酒を飲ませすぎてはいけない。若く、血気盛んで魂が柔らかいときには、酒は少々にする。しかし年をとってくると、分別くさく頑固になります。頑固になって魂が硬くなったら酒がよい。酒は魂を温めて柔らかくします。酒によって、いろいろな新しいものにも関心が開かれていくわけでしょう。とてもよくわかる話です。

また、酒の飲み方で人柄があらわれたりしますね。酒の力で大胆になって大言壮語したり、恥ずかしい振る舞いにおよんだりします。プラトンは酒が互いの性格を知る、安上がりのテストになるとも書いています。

アリストテレスの著作とされる『家政論』というものがあります。家政とは一家の生活にかかわる諸事を処理し、うまく治めること。こういうと主婦の仕事と思いがちですが、さにあらず。家と秩序を守るのは一家の長である男性の仕事なのです。

家政論のギリシア語の原題は「オイコノミアー」、経済（エコノミー）の語源であり、こちらは家の哲学です。

「よき妻は、定められた規則にしたがって、あらゆることに配慮して、家のなかのことを支配できなければならないし、市場をうろつきまわる女たちの噂話を、魂を損なうものとしてとりわけ恐れて、夫が認めない者は誰一人として家に入ることを許してはならない。そして、自分の家の中で起きることだけを知るようにし、もしも、外部の者から何らかの害悪をこうむれば、その責任は夫が負うべきである」

（『家政論』）

こんな具合に、夫の言うことにしたがって、口出ししてはいけないという良妻賢母のすすめが書かれています。妻ばかりに押しつけるのはよろしくないとなったのか、夫についても、「健全な精神をもつ人間ならば、手当たり次第に自分の種子を振りまいたり、どんな女にも近づいて自分自身の種子を入れたりするのはふさわしくない」と少しいさめたりもしています。

じつは、いまある『家政論』はアリストテレス本人の著作ではなく、偽書です。ギリシア語で書かれた『家政論』の原本はもう失われており、現在のものは「伝アリストテレス」という形で伝わったもので、その一部は元のギリシア語ではなくラテン語の翻訳でしか残っていません。

ただ、アリストテレスが『家政論』を書いていることは確かです。『家政論』の姉妹本もアラビア語に翻訳されてたくさんつくられました。

そして、日本ではあまり知られていませんが、この本は特にイスラム圏に大きな影響を与えました。

ローマ帝国が4世紀にキリスト教を国教化して、ギリシアの学問が異教のものとされると、ギリシアの哲学や数学はアラビア世界に移り、そこでさらなる発展を遂げます。数学などは特にそうです。私たちがふだん使う算用数字もアラビア数字といいますね。

6世紀頃からムハンマドのイスラム帝国が興(おこ)りますが、アリストテレスの著作だと思われていたこの『家政論』も、アリストテレスもこう言っているじゃないか、という具合に権威をもつのです。女性は家に引きこもって夫に仕え、家のことだけやっていなさい、ということが書いてあるのでイスラム圏にとっては都合がいい。受け入れやすかったのでしょう。

このように、哲学者が「よく生きる」ということを考えた場合に、日常をどう生きるかは重要なことです。老年についての哲学も、1~2世紀ぐらいによく書かれるようになります。

そして、プラトンとアリストテレスの老年観はプラスとマイナス、ポジとネガ、みごとに対照的なのです。

## 2　アリストテレスの「ネガティブ老年観」

### 師に盾突いたアリストテレス

プラトンとアリストテレスは、老年について対立する考えをもちましたが、師弟です。アリストテレスは、17歳ぐらいのときにアカデメイアに来て20年間、プラトンから直接学ぶのです。

プラトンの弟子となったアリストテレスは、しだいに師に対する批判をはじめます。プラトンとは異なる、新しい自分の哲学をつくるのだという意志が生まれてきたのでしょう、師に盾突くわけです。

議論を旨とするアカデメイアでは、それも許されていた。ただ、その頃のアリストテレスの著作は残っていないので、詳細はわかっていません。

アリストテレスはプラトンの没年にアカデメイアを出て、49歳頃に自分でリュケイオンという別の学校をつくります。在留外人（メトイコイ）であったためちょっと難しい状況ではあったのですが、もしアカデメイアにずっととどまっていたら、プラトンの後を継いで学頭になっていたかもしれない。そういう可能性はありました。しかし出てしまった。

表立って反対するのは、もちろんアカデメイアを出てからで、いろいろと批判しました。アリストテレスは、プラトン哲学をすべて否定するために哲学をやったような部分もあると思います。そういう対立はあっても、二人は師弟関係です。

アリストテレスが自分の著作として書いた対話篇は、何も残っていません。いまアリストテレスの著作とされているものは、基本的には弟子たちがまとめた彼の講義ノートです。講義ノートなので、比較的やさしいギリシア語で書かれています。

## アリストテレスは散歩派

アリストテレスは歩いて授業をしました。日本でいうところの逍遥(しょうよう)学派、つまり散歩派ですね。

人間とコンピュータの違いを説明するとき、よくいわれることがあります。人間には集中とリラックスが必要でしょう。ＡＩ（人工知能）とどこが違うかといったら、人間は無意識にものを考えるところです。そのためには集中とリラックスが必要。それにいちばんいい方法は歩くことです。

アリストテレスは昔から歩いていた、だから、考えに行き詰まったときには歩いたらいいよ、という話を私も学生にはよくします。

散歩しているときは、わりとリラックスして、考えないようで考えている。そんなところがあって、アリストテレスも歩きながら考える習慣があったのでしょう。考えるにはうってつけです。ジョギングよりも散歩がいい。

京都に「哲学の道」がありますが、ドイツのハイデルベルクには元祖「哲学の道」があり、ゲーテやヘーゲルも思索のため散策しました。

## 老いを見つめる冷徹な観察眼

アリストテレスは、哲学者ですが、生物学者でもあります。動物に関する研究もたくさん残していますし、海洋生物に対してもいろいろ研究しています。アリストテレスの海洋生物に関する研究は、20世紀の半ばぐらいまで、観察できるものに関しては正しかったといわれています。

観察だけではなく、解剖（かいぼう）もやっています。生物学という分野をつくったのがアリストテレス。論理学もアリストテレスがつくったものです。「万学の祖」といわれるように、政治学、経済学、倫理学、歴史学、神学、形而上学、気象学、天文学、心理学、美学と、人間の知識の全分野をカバーするくらい本当に幅広く研究しています。

アリストテレスはいまでいう科学者、科学的思考と目をもった人です。老年期の研究でも、人間だけでなくさまざまな動物について、老いたらどんな変化が生じるかを、驚くべき観察眼で報告しています。

▼人間の老年期の現象

・声が不明瞭になる
・白髪になる
・精液が減少する
・毛が少なくなる
・歯が摩耗する
・女性のほうが老化は早い
・白内障が増える
・視力が低下する

・骨に隙間（すきま）ができる
・血液が黒く少量になる
・好色な女、多産な女は早く老いる
・労苦は老衰を早める
・記憶が鈍（にぶ）る
・冬に老人が多く死ぬ
・体が震（ふる）える
・眉毛（まゆげ）が濃くなる
・皮膚が硬い
・傷がふさがりにくい
・くしゃみをするのに苦労する
・皮膚や肉が黒ずむ

▼諸生物の老年期の主な現象

〈一般的現象〉

・年をとった親は雌（めす）を産む

・毛、羽、鱗、角が硬くなる
・脂肪がつく
・骨髄は年をとると軟脂質や硬脂質がすすむ
・老齢の魚は肉がくずれやすく、貯蔵に向かない
・過剰に脂をもつ動物は老化が早い
・好色で種子をたくさん出す動物はすぐに老いる
・雄は雌よりも長命
・植物は長命
〈個別的現象〉
・ツルは老いると羽が黒くなる
・ウマは白髪になる
・年老いたイヌの歯は黒く鈍くなる
・若い雌ヒツジは小さい子を産むので、雄ヒツジは年長の雌ヒツジと交尾する
・雄ブタは三歳より年をとると、生まれる子が悪くなる
・雄ブタは年をとると交尾が衰える
・雌のラバは雄よりも年をとるのが遅い

- 老齢の雄ジカには枝角が生えなくなる
- モリバトは40年もの長生きで、年寄りになるほど爪が伸びる
- ワシは老齢になるほど上の嘴が伸びて湾曲する
- タコは産卵すると老衰する
- 年長のミツバチは巣の内部で働く
- ライオンは老齢になると歯が悪くなる
- ライオンは年をとると狩りができず、市街地に来て人にも危害を加える
- 子ウマは年をとると、後ろ足で頭に触れることができなくなる

アリストテレスの父親は医者なので、臨床的な感覚があるのでしょう。人間や動物の身体を観察し、体温や血液量、新陳代謝の量などを見ながら、生物がどのように老衰していくかをくわしく調査しています。

## 大地も老化する⁉

アリストテレスの考える老化の原理は「冷」と「乾燥」です。「熱・冷・乾・湿」という四つの性質（四性質）から対象を観察し、その変化をとらえています。

たとえば人間が年をとって視力が落ちるのは、老化により皮膚(ひふ)が乾燥するにつれて、目の皮膚も乾燥して硬くなり、しわがよるためである、という説明になります。動物の毛や角(つの)などが硬くなるのも、同様に老化による乾燥の結果であり、女性が男性よりも老化が早いのは、女性の体温がより低いから、という仕組みになります。

熱・冷・乾・湿の四性質でとらえる考え方は、その当時のヒポクラテス学派（医学の祖といわれる古代ギリシアの医師ヒポクラテスの教義を継ぐ）の医学書と同じ考え方です。四性質のうち、熱と湿度というものがエネルギー源になっており、これが人を元気にし、逆に失われていくのが老化です。

驚くべきことにアリストテレスは、陸地と海が交代するような大規模な自然現象についても、冷と乾燥の老化の原理で説明しています。

大地はずっと同じ状態ではなく、湿ったり乾燥したりと変化しています。この住宅地はかつて川だったという話はいまでもありますね。そうした川の生成消滅によって、陸地と海とが周期的に変化するのは、大地にも盛年期と老年期があるから、というのです。

大地も年をとる、まさに地球を生きものとして見ているのです。

## 無邪気な青年期から卑屈な老年期へ

アリストテレスは、人間のライフサイクルを青年期、壮年期、老年期の、三つの時期に分けて考察しています。老年期は青年期と反対の性質から成り立っており、最も望ましいのは青年と老年の中間である壮年期、としています。

青年期と老年期の特徴としてあげられたものを抜き出してみましょう。

▼青年期

〈欲望〉

・欲望に走りやすく、欲することは何でも実行し、性的欲望を抑えることが難しい。
・気移りしやすく、飽きやすく長つづきしない。
・激しく求めるが、力強くはない。

〈感情〉

・激しやすく、短気で衝動(しょうどう)に流れやすい。
・誇りが強く、軽んじられるとすぐに憤慨(ふんがい)する。
・財産や富を得ることを好むよりも、勝利にこだわる。

〈態度〉

・世の醜悪(しゅうあく)なところをまだ見ていないために気立ては悪くなく、お人好し。

・いろいろと欺(あざむ)かれたことがないので人を信じやすい。
・また、多くの失意を経験していないので、希望に燃えている。希望は未来にかかわり、青年にとって過ぎ去った時はわずかであるので、未来は洋々としており、思い出すものは一つもなく、すべては希望のうちにある。
・何にでもすぐに希望を抱くので、人に騙(だま)されやすい。
・気力が充実し希望に燃えているので、他の世代よりも勇敢である。
・社会の決めた法によって教育されているにすぎず、そのほかにも立派なことがたくさんあることをまだ知らないので、恥じらいを感じやすい。
・生活のために卑屈(ひくつ)になっていないので、気持ちが大らかである。
〈行動〉
・利益になることよりも立派な行為を選ぶ。
・利害の打算で判断せずに、品性にしたがって生きる。
・友を愛し、仲間を愛する。
・物事に熱心すぎるあまり失敗する。何事もやりすぎる。
・愛するのも憎むのも過度である。
・どんなことも知っていると思いこみ、そう主張する。

・不正に走るのは傲慢による。
・腹黒くないので誰をも実際よりもすぐれた人だと考えやすく、憐れみやすい。
・笑うことが好きで洒落が好きである。

### ▼老年期

〈感情と欲望〉
・憤りは燃え上がりやすいが、力がない。
・欲望は弱い。

〈態度〉
・確言を避ける。長い歳月の中で多く騙され、多くの失敗や悪い経験を重ねているので、いつも「おそらく」や「たぶん」という言葉をつけたし、確言することがない。
・ひがみ根性である。すべてを悪いほうに歪めて解釈する。
・猜疑心が強い。何も信用しないから。
・人を激しく愛することも憎むこともない。
・心が狭い。生活のために卑屈になっており、大きなことは望まず、生活に必要なことだけを欲望の対象にする。

・臆病である。何事にも先々に不安を抱く。
・生への執着が強い。人生の末期になるとそれがいっそう強くなる。というのは、欲望はもう手許にないものを求めるからである。
・必要以上に自己中心的である。それは心が狭いことの一形態である。
・利益のあることを目指し、立派なことを求めて生きることはない。
・恥知らずである。立派なことを利益になることと同じ程度に気遣うことがなく、他人にどう思われるかはまったく気にかけないからである。
・簡単に希望を抱かない。

〈行動〉

・過去に生きる。この世の大半がよからぬものであり、多くのことは期待より悪い結果となるので、希望よりも過去の記憶に生きるようになり、過去には饒舌になる。
・欲望のまま行動することはない。
・品性よりも損得勘定によって行動する。
・不正行為をするのは、悪意によるものであり、傲慢なためではない。
・憐れみを感じやすい。青年たちの場合は人間愛によるが、老人の場合は自分の弱さによる。

### ・よく愚痴（ぐち）をこぼし、洒落や笑いを好まない。

いやはや、老人に手厳しい言葉が並んでいます。しかし妙に納得させられるものもあります。老人は疑り深いという指摘がありますが、一方、たしかに若い人で何でも信じがちな人がいます。お人好しですが、若いときはみんなそうです。学生に接していてもそう思います。若い人はそこがいい。

それが年を重ねると、だんだん卑屈になっていきます。社会に揉（も）まれて苦労を重ねていくと、だんだんアリストテレスのいっているとおりになる。

アリストテレスは老人に対してかなり批判的、シニカルな感じがします。グサッとくる。

アリストテレスがこれを書いたのは、50代ぐらいではないでしょうか。科学者アリストテレスの老いを観察する目は、もしかしたら自分自身にも向けられていたのかもしれません。容赦（ようしゃ）のなさに苦笑いするしかありません。

## 加齢を衰退と見る人は長生きできない

先述したアリストテレスの老化の原理によれば、エネルギー源になっている熱と湿度がなくなると、乾燥し冷たくなって身体の老化が進んでいきます。それだけではなく、熱の高さが知的能力の高さとリンクしているため、高齢化すると必ず知的能力が落ちるという、うれしくない結論が導き出されます。

それゆえ、60歳以上の者から選ばれるスパルタの長老制度を批判していました。長老たちが高齢で支配することを思考能力の点で問題があるとしたのです。

実際に年をとったら、髪の毛が減ってきて、白髪になって、という老人の特徴が出てきます。歩調を合わせるように、記憶力が落ちるとか、「あれ、これ、それ」といった言葉が多くなってくるといった変化もあらわれてきます。

私自身のことをいえば、研究者として自分の力が落ちていくのは実感しています。若いときとは勉強量が違ってくるし、集中力も違ってきます。10年前に書いた自分の本を読んで、「おお、こんなこと書いてるよ」とびっくりする。いまではなかなか考えつかないような新しい視点で書いていたりします。そんなときには、「落ちてるな」と自分でも痛感します。「あと何年現役でやれるかなあ」という思いもしばしば去来（きょらい）します。

アリストテレスは、老年期は壮年期に比べたら衰退だといいます。たしかに生物学的に見たらそうでしょう。成長し、成熟し、だんだん衰退していく。それは一連の変化なのですが、老年期にフォーカスしてそこだけを見れば、いろいろな機能が衰えていくという見方で語られます。

だから、非常に悲観的です。老年になったら悪くなるだけ、というネガティブ思考になってきます。そういうネガティブな人はやっぱり長生きできそうにないですね。アリストテレスは62歳で病気にかかって死んでいます。

一方、老年を明るくとらえたプラトンは80歳まで生きました。プラトンは老年を否定しません。老年期になって認知症があらわれたり、身体的にもできなくなることが多くなる。そういうことを踏まえたうえで、それが必ず知的にも落ちるとはいわないのです。身体と魂はメカニズムが違うからです。

次はプラトンのポジティブな老年観を見てみましょう。

## 3　プラトンの「ポジティブ老年観」

### 政治家志望から哲学に転身したプラトン

プラトンは紀元前４２７年に、アテナイで生まれました。本名は別で、レスリングに強く、体格のよさから「プラトン（肩幅が広い男）」とあだ名をつけられ、それが通称になった、という伝説がありますが、これは作り話でしょう。若者が体育でレスリングを学ぶのは普通だったので、プラトンもやっていたにちがいありませんが。

プラトンの父方はアテナイ最後の王コドロスにつながり、母方は政治家ソロンの血をひく、有力な家柄でした。当時の大多数の若者がそうであったように、プラトンも将来は国家や公共の仕事にたずさわろうと、政治家を志していました。

しかし、プラトンが青年になった頃のアテナイは、30年近くにおよんだペロポネソス戦争に敗北し、少数独裁の恐怖政治がおこなわれ、政治への幻滅を味わうことになります。

そのなかで、プラトンはソクラテスの言葉にひきつけられ、師事するようになります。ソクラテスの刑死後はイタリアなど各地を遍歴して、40歳頃に学園アカデメイアを開き、生涯独身で哲学探究と青年たちの教育の道に入りました。

プラトンの著作の多くは師ソクラテスを主人公とした対話形式で書かれており、ソクラテスの姿を描きつつ、プラトンの思想をソクラテスに語らせている、という側面もあります。

プラトンやその影響を受けたローマの哲学者キケロなどは、老年に悲観的ではありません。むしろ老年というのは、若いときの欲望から解放されて、自由にものを考えたり楽しんだりできる晴朗な時期だ、といっています。

## 老年期は相対的なものである

プラトンの考えでは、年齢というものは相対的なものです。人生50年だったら30代後半から老年がはじまることになり、人生が90年という長さになれば、老年がはじまるのはもっと遅くなる。相対的になって当たり前、という考えです。

そういう視点からすると、老年期という人生の区分は、人間の活動時期をいろいろ名づけて特徴づける文化的な概念の一つにすぎないといえます。それがプラトン的な考え方です。

アリストテレスはそうではありません。生物には固有のライフサイクルがあることを観察から確信しています。何ヵ月たったら、その生きものは幼虫から成虫に達して、そのあと何週たったら、生殖（せいしょく）行為をおこなって、あと何週したら、もう老年が進んで寿命を終える。

そういった短いライフスパンをたくさんの生物で観察しているので、人間にも固有の老年期があるのだと考えるわけです。アリストテレスによれば、それぞれの生物の老年期は、はじめから決まっているのです。

アリストテレスにとっては、老年とは生物学的な概念なのです。

## 魂の運動の積み重ねで老年は豊かになる

プラトンが老年期は決定されているとは考えないのは、魂というものを基本に考えているからです。魂というのは、自分で自分を動かす運動です。『パイドン』や『パイドロス』という本の中で、「魂の不死の論証」ということを書いています。

世の中のなんであれ、ものを動かすためには、最初に動かすものが必要です。ドミノ倒しは最初の1枚目が倒れることで、後続のドミノが次々と倒れていきます。ものの動きは、何かに押されて動きはじめます。何もなしに動いたりはしないでしょう。

では、1枚目のドミノを倒すものは何か。人の指の力です。では、その力のもとになっているものは何か。倒そうと押す意思です。では、その意思のもとになっているものは……？　どんどんさかのぼって考えていくと、最初に動かすものは自分で自分を動かす自律的なものになるはずです。他から影響を受けることで他のものを動かす受動的なものだけでは、さかのぼりゲームは延々と終わりません。魂というのは最初に「自分で自分を動かす運動」なのです。これがプラトンの考えた魂という生命原理です。

さらにいえば、自分で自分を動かす存在であれば、それが止まってしまうことはない。止まることはあっても、自分でまた動かすことができますから、永遠に止まっていることはない。そうすると、自分から動き出す魂というものは、不死といえるでしょう。そういう形で魂の不死を論証しています。

生きものが、生命のない物体と違うのは、自分で自分を動かす力をもっているところではないか。自分の力で動くことが、生きている証だ。そういうことを彼は考えます。魂という運動が基本になっているので、身体的には加齢からの影響を受けはしますが、魂の運動というものがきちんとできていれば、年をとってもそれほど能力は落ちない。むしろ、経験とか英知といったものが活きてくるようになります。経験知や成熟、蓄積してきたものを重んじるのがプラトンです。

そうすると、必ずしも老化が知性の低下ではなくて、むしろ豊かになっていくと考えられます。そこが生物学者アリストテレスと違うところです。アリストテレスとは反対に、プラトンは高齢者が国家の要職につくことは認めています。

同じ哲学者ですが、プラトンはどちらかというと数学物理系です。詳細な説明は省きますが、生物医学系のアリストテレスと、数学物理系のプラトンの違いが、心身の考え方や老年観にもあらわれているように思います。

## プラトンの老化システムの先見性

プラトンの考えた老化のシステムは代謝です。食べ物を食べる。それを消化して、身体をつくっていく。食物を身体の中で分解していくわけですが、その分解する要となるものがだんだん消耗していく。

そうすると、入ってきた栄養分を消化できなくなり、エネルギーに変えられなくなる。エネルギーがなくなると、いわゆる血肉となるものがなくなってくるので、だんだん肉体がやせていき、老化し、衰弱していくという考え方です。

では、食べ物を分解する要となるものはどこにあるのか。プラトンは髄にあると考えます。髄に含まれる特別な要素に、生命の再生力をもたらす重要な働きが与えられており、それが消化吸収をはじめとするエネルギーの代謝をつかさどっているのです。

これは突拍子もない考えではなく、実際に血液がつくられているのは人間の骨髄です。白血病患者の治療法として骨髄幹細胞を移植する方法が知られていますが、その目的は幹細胞がもつ造血力を発揮させるためです。

しかも、プラトンはこの髄の特別な要素は、一定の期間がたつと自動的に消耗するようにあらかじめプログラムされていると見ています。これは「テロメア」とそっくりな話です。染色体の両端にあるテロメアは細胞分裂のたびに摩耗し、一定回数を超えると細胞分裂ができなくなって、生物は老化し死にいたります。テロメアが寿命をつかさどるといわれるゆえんです。

プラトンの考え方が現代医学の知見とも合致しているのは、まさに驚きというほかありません。

さて、その髄の要素が長年の働きで疲労・消耗していく。それにともなって人間が食べる物の量が減っていくわけです。だんだん食べられなくなっていくと身体の各組織が衰えていき、最終的には死ぬ。これが自然な老化のプロセスです。

## 身体の老化とともに魂の活動量も減る

知的なものは魂がつかさどっています。魂は身体に結びついているわけですが、その魂を身体に結びつけている束縛（そくばく）が、だんだん身体が衰えるごとに弱っていって、最後は解き放たれて、魂が身体から出ていく。

魂そのものには老いはないが、身体の影響は受ける、とプラトンは考えました。だから、老化すると魂の活動量も減る。そういう変化はあると考えました。

魂の本質は運動です。そういう魂の運動や働きは身体全体をつくり、動かし、活かすものですが、身体と結びついている魂は身体からの影響を受けざるをえません。

だから、身体が老化するにつれて、魂の活動もシュリンク（縮小）してくる。そういうイメージがあります。年をとるにつれ、気力が薄れる。気力が減っていくという感じです。私も、年をとると気力がどんどん薄れていくという感じがしています。

ちなみに、このように身体と魂とで説明されるため、プラトンはよく、デカルト以前の心（しん）

身二元論の祖と語られます。ですが、実際には単純な二元論ではなく、むしろ反二元論。いうなれば魂一元論の世界観です。身体というのは魂から派生的にできてくる、という考え方です。

## 年をとってから活躍するタイプもいる

では、年をとれば必ず衰えていくのかというと、そうでもなく、個人差が見られます。大器晩成型というより、大器老成型とでもいうべき人たちがいます。

ローマ時代のギリシアの著述家プルタルコスはすごくたくさん本を書いています。ギリシアとローマの政治家や軍人たちを描いた伝記集『対比列伝』が有名ですが、ほかにも『モラリア』と呼ばれる倫理論集も書いている。それには倫理学や政治論だけではなく、教育論や文学論、神学や自然学的著作などが含まれています。古代の哲学者、文筆家で現存する最も多くの著作を残したのは、おそらくプルタルコスでしょう。

プルタルコスが本格的に著作を書くのは、60歳以降です。一つは、政治的な状況もあるのですが、年をとってから量産しました。弟子に書かせたわけではなく自分で書いたのですから、すごい創作力です。

それに比肩するのは、ギリシア悲劇の大家ソポクレス。彼も90歳まで生きて、最後までみごとな作品を書きました。

日本でも、葛飾北斎などは同じタイプでしょう。年をとってから傑作をたくさん描いて、あと10年やったら本当にもう神の高み、頂点に達すると自分でもいっています。文人画家・富岡鉄斎も、最も高く評価されるのは85歳から亡くなる89歳までの作品です。

創作活動は年とともに落ちていくというふうに一般的には思いますが、そうではないパターンもじつはたくさんあるわけです。

必ずしも年をとったからだめになるということではない。プラトンのいう魂、すなわち意欲をよく働かすことができれば衰えない。

「問題は年ではなく魂の働かせ方だよ」とプラトンならきっということでしょう。

## 晩学のすすめから見えるソクラテスの生きざま

プラトンの著作の中に、晩学について触れているものがあります。年をとってから学ぶのは、意味のあることか。すすめられることなのか。それについて相反するような二通りのことを書いています。

一つは、晩学は本当に苦労するから、あまりおすすめできない、と読めるものです。たくさんの労苦をこなせるのは若いうちだから、若いうちにもっといろいろ勉強したり、運動したりして鍛(きた)えないといけないと書いています。一見すると、プラトンは晩学を否定しているように見えます。

もう一つは、晩学をすすめるものです。『エウテュデモス』の中で、ソクラテスは論争術を格闘技パンクラティオンの奥義(おうぎ)であるといい、論争術を学ぼうとしますが、友人から年をとりすぎているのでは、と気遣われます。プラトンはソクラテスにこういわせています。

「いや、どうして、クリトン。その心配はまったくない。心配しなくてすむ十分な証拠がある。そしてそれが、私の心を励ましてくれているのだ。あの両人自身にしてからが、私の欲しているあの知恵、すなわち論争術に手をつけた時は、こう言っていいなら、老人だったからね」

(プラトン『エウテュデモス』)

自分の晩学を嘲笑(ちょうしょう)する人々がいることはわかっているが、それでも自分と同じように学びにいそしむように、ほかの老人たちに説得を試みよう、ということも語っています。

晩学でも、いろいろと学べるのだ。いくつになっても学ぶのはすばらしい、と述べているのです。

この本を書いたプラトンの目には、ソクラテスの姿がしっかりと焼きついているのでしょう。70歳まで生きて、あれだけいろいろな好奇心をもって、新しい知に挑(いど)んでいくソクラテスの姿。プラトンが老年になっても希望をいだく姿勢の底に、師ソクラテスの生きざまがあるのだと思います。

## 年代によって学び方は異なる

よく考えると、晩学についての二通りの書き方が矛盾(むじゅん)しているわけではありません。労苦は無理のきく若いうちにしたほうがいい。でも年をとっても学びつづけることができるのは、年長者には若者とは異なる学び方がある、ということだと思います。

ちょっと脱線しますが、私自身の経験も踏まえて、年をとることと学ぶことについての話を少しします。第1章で結晶(けっしょう)性知能と流動性知能について触れました。知には若い世代が得意な流動性知能と、ある程度の年月が必要となる結晶性知能の2種類がある、ということでした。

哲学の研究者は、若い頃は一言でいうと「狭(せま)い」。すごく狭い。同じ分野の研究者の論文ばかりを中心に読んでいるものです。

若いときは、スポーツの競技選手と同様の部分があって、いかに集中するかが勝負。いわゆる先端的な論文をいかに読むか。その中でいかにうまく自分の議論というものを組み立てられるか。強力な敵に闘争心と集中力で立ち向かいます。

経験はないが若さがある。そういう研究者が勝負するためには、ものすごく狭い領域のテキストを扱って、その解釈をいろいろ考える。あの研究者のあの議論をなんとか破ってやろう、といった野心や野望が先に出てしまうのですが、そういう細部や正確性にこだわるスタイルが若い頃にはやっぱりあるのです。そうやって差異を探して「自分」を打ち出していく。

でも、年をとってくると、そういった部分にあんまり関心がなくなってきます。狭い議論からは一歩身を引いて、何のために議論しているのか、全体が気になってきます。

もっと広い目で見たとき、それにはどんな意味があるのか、全体像のほうが気になってくる。年とともに、いろいろな違う研究に目がいき、哲学者への関心も広がっていくのです。

若いときに、いろいろな分野の哲学書を総まとめに書くのは、ほとんど不可能だと思います。それぞれを深く理解していくのは、やはり難しい。でも、年をとってくると、ある意味で図々しくなります。厚かましくなって、これぐらいでいいだろうとか、これはこんなふうに理解できるだろうと思うようになります。見方の幅が広がったりもします。

必ずしも進歩になっていないかもしれないけれども、少なくとも知の働き方が変わるのでしょうね。関心のあり方が変わってくれば、当然、学び方も変わってきます。

若い研究者がキャリアを積んでいくとは、こういう過程を通っていくことでしょう。

とにかく、ちゃんとした論文を書いて権威ある学術誌に載せる。そのために、いろいろな新しい議論をきちんと叩(たた)いて批判する。そうして、自分の優位性を主張する。アスリートの闘いみたいな、狭い勝負の仕方です。

逆にいえば、そうしないと学術誌は載せてくれないので、そうすることが強く求められているということでもあります。

でも、年をとってくると、だんだん、「もう論文なんかいいじゃないの」という気になってきます。細かいことに目が向かず、全体を大づかみに理解しようとする。

ある意味でいうと、退化かもしれない。でも、何かが退化していくから別の部分が出てくるということがあります。人間の細胞でもそうです。ある部分が死んでくれるから、いままで目立たなかった別の細胞や組織が活躍するようになる。

脳なども、そういうことがいえるかもしれません。年をとって脳の仕組みが変わってくると、関心も理解も変わってくるようなことがあるのかもしれない、と感じます。

ある程度の年を重ねれば、こうした年代による学び方の違いが肌感覚でわかる方も多いのではないでしょうか。

## プラトン体操のすすめ

プラトンは、天体の動きが規則正しいことに着眼していました。宇宙は調和である。数的な調和によって保たれて動いている。秩序立った回転運動をしているというふうに考えました。そして、頭脳も考えることによって、同じように回転運動をしています。

宇宙のその動きは、みごとな秩序をもった美しい動きだ。自分の身体の外にあるその動きと同じものを、自分の身体の中と頭脳（魂）の中に実現するならば、美しい秩序が自分の中にも実現する。そう考えます。

秩序といっても動いているものです。宇宙は動いている、人間の魂も動いている。この二つの運動を正しくリンクさせ、規則正しい調和のとれたものにしていく。それが健康にもつながります。そのためには体操もしなさいとすすめています。

「もしも人が、万有の育ての親とか乳母（うば）といわれたものをまねて、身体をできるかぎりどんな時にも静止したままにしておかず、つねに動かして身体にその全体にわたって振動を生み出すならば、内なる運動と外なる運動を自然にしたがった状態に保つことになる。（中略）適切に振動させて、身体に関してさまよっている状態と部分を同族性にしたがって互いに秩序づけるならば、敵対する要素どうしを相並べて身体に病気を生み出すままに

# 愛読者カード

ご購読ありがとうございました。今後の参考とさせていただきますので、ご協力をお願いいたします。また、新刊案内等をお送りさせていただくことがあります。

【1】本のタイトルをお書きください。

【2】この本を何でお知りになりましたか。

1.書店で実物を見て　2.新聞広告(　新聞)
3.書評で(　)　4.図書館・図書室で　5.人にすすめられて
6.インターネット　7.その他(　)

【3】お買い求めになった理由をお聞かせください。

1.タイトルにひかれて　2.テーマやジャンルに興味があるので
3.著者が好きだから　4.カバーデザインがよかったから
5.その他(　)

【4】お買い求めの店名を教えてください。

【5】本書についてのご意見、ご感想をお聞かせください。

●ご記入のご感想を、広告等、本のPRに使わせていただいてもよろしいですか。
□に✓をご記入ください。　□ 実名で可　□ 匿名で可　□ 不可

郵 便 は が き

切手をお貼りください。

102-0071

東京都千代田区富士見一―二―十一
KAWADAフラッツ一階

さくら舎 行

| | | | |
|---|---|---|---|
| 住 所 | 〒 都道府県 | | |
| フリガナ | | 年齢 | 歳 |
| 氏 名 | | 性別 | 男 女 |
| TEL | ( ) | | |
| E-Mail | | | |

さくら舎ウェブサイト www.sakurasha.com

することはなく、互いに親しい要素どうしを相並べて、健康を生み出すことになるだろう」

（プラトン『ティマイオス』）

ここでいう「振動」は身体と魂に共通して作用するものです。プラトンは母親がむずかる赤ん坊をやさしくゆすって寝かしつけることを例に、振動には魂に平静と安らぎを与える働きがあると指摘しています。

実際、われわれ大人も電車やバスの小刻みな振動に眠気をおぼえることはしばしばあり、心地よい振動が心身に快適さをもたらすことには納得がいくでしょう。

身体を適切な振動、すなわち自然にかなった仕方で動かし、体操することで、宇宙の調和と同じような調和を身体にもたらすことができ、健康になれるのです。

いわば、〝プラトン体操〟です。基本的には体操しなさいと、プラトンはいっています。特に頭を使う知的なことをやっている人は、身体を動かす体操が大切。力仕事、運動ばかりする人は、ちゃんと音楽と文芸の活動もおこなうことが必要。両方やらないとだめだといっています。

好奇心をもちつづけて、頭を働かせる。体も動かす。体をじっとさせてはいかんよ、プラトンはそういっています。

私の先生だった藤沢令夫（ふじさわのりお）先生は、毎朝起きたらゴムのチューブを使ってストレッチをしていたそうです。それから散歩に行って、冷水浴をする。プラトンの翻訳をたくさん手掛けるかたわら、きちんと運動もしていたのですね。

プラトン自身も若い頃はレスリングをやっていたくらいですから、きっと年をとってもプラトン体操をやっていたでしょう。

## プラトン哲学には希望がある

人生に悲惨（ひさん）なことがあるのは、古代ギリシアの人もいまの人もそう変わらない。いろいろな現実を見れば、悲惨なことはたくさんあるわけです。

仏教を開いた釈迦は、人生の本質は苦だとし、老いの苦しみを含む「四苦八苦」からいかに抜け出すかを説きました。プラトンはそういう言い方はしません。苦はあるかもしれないけれど、誰でも「よい生き方」を目指せる。プラトンは、よい生き方に焦点（しょうてん）を合わせています。

だからプラトンの哲学には、つねに希望がある。

日本人の好きな言葉に、生きがいという言葉があります。生きがいとは、なんらかの自分の好きなこと、やりたいことをやりつづけることでしょう。

老年肯定派のプラトンは、まさに好きなことを生涯楽しんできた人です。80歳で書きながら死んだのですから。

生きがいをずっともちつづけている日本人は、けっこういると思います。日本人は、もしかしたらヨーロッパ人よりもプラトンの考えに共感できるのではないでしょうか。

# 第3章　老化、病気、性、死を考える

# 1　老化は自然か、病気か

## 健康への関心はいつの時代も高かった

現代は健康への関心がとても高く、世の中には健康食品や健康グッズ、健康情報がたくさん出回っています。これは2500年前のギリシアも同じでした。ダイエット法もありましたし、あそこは名医だ、あそこはヤブ医者だ、などといろいろな話が広がり、いい医者にはお金をたくさん出して診(み)てもらう人もいました。やはりいつの時代でも、だれもが、健康で長生きして楽しみたいと願うのです。

健康法も、これがいいとなれば、いろいろなことをやったと思います。プラトンはそういう姿を、健康を守ろうとして一生懸命にやっているけれど、そんなに意味はないよ、というふうに冷やかして書いています。まったくいまの日本と一緒です。

健康のためには節度が必要ともいわれていました。暴飲暴食をしないということですが、こちらは単に健康だけの話ではなく、少し知的な意味合いになります。身体的欲望に駆られて歯止めがきかなくなるのはよくないので、節度が必要という考え方です。

節度や節制のことを、ギリシア語で「ソープロシュネー」といい、健全な知恵というのがもともとの意味です。我慢するということではなく、健全な知恵をもっていたら、暴飲暴食みたいなことは自然にやめるでしょう、という意味合いです。

節制しないとどうなるか。やっぱり朝、体が重い。終日不調がつづいたりします。前の晩にちょっと飲みすぎていたとか、何かしすぎたなと反省するのです。

ちなみに、プラトンと一緒に飲んで食事をすると、翌朝みんな気持ちよく目覚めたといわれています。上手な飲み方のできる節度ある人だったのでしょうね。

## 老化は病気かという問い

アリストテレスは、病気というものは新しく身につけた老年だとか、老年というのは自然な病だという言い方をしています。老いは、誰にもくる自然な現象だけれど病気なのだというとらえ方です。

そのあたりがプラトンとだいぶ違うところです。プラトンは、老化と病気は違うものだと考えています。プラトンは、きちんと二つを明確に分けていたのですが、アリストテレスがそれを一緒くたにしてしまったのです。

まわりまわって現代では、老化を「治療可能な病気」と位置づける先端医療の考え方も出てきているようです。やがてすべての人は老いから解放される、などと刺激的な言葉も耳にします。

老いを考えるとき、いまの日本はアンチエイジングの意見、議論がちょっと多すぎる感じがしますね。いつまでも若くありたい、というのが本音としてあるのは確かです。老いを喜ぶ人は、どの時代であってもいないでしょう。

しかし、一方で別の思索もある。どうしたら老いを受け入れることができるか、そういう考え方です。プラトンやキケロ、プルタルコスは、「老いというものは自然である」と考えました。老いを自然なことと受けとめると「成熟」という見方が出てきます。

老いは成熟のプロセスである。こうして老いを受け入れていく。こうした主張ももう少しかえりみられていいように思います。

## 老化は自然のものとしたガレノス

時代が下り、哲人皇帝マルクス・アウレリウスの侍医(じい)となって、ローマ帝国一の医者とうたわれたガレノスという医学者がいました。ガレノスは、プラトンと同じく老化を自然のプロセスととらえていました。老いを病気の一種としてとらえる風潮が強かったその当時には、珍しかったことです。

ガレノスは「老人衛生学（ギリシア語でゲーロコミコン）」という医学の分野を著作に記しています。いまでいえば老年医学ですね。老年の衰えを防ぐことはできないが、その特徴を知り、それに対処することで人生の長さを延ばす手助けができる、とするものです。

その当時の老年医学がどこまで進んでいたのかわかりませんが、ガレノスは老年期を三段階に区分しています。「青い老年期」「しわの老年期」「みとられる老年期」です。

青い老年期はふつうに老年でもまだやれる。しわの老年期になると、眠りがちになってくる。最後のところは、いつあの世に送られるかもしれないというような状況です。老年期を三段階に分けたのは、それぞれの老年期の特徴に合わせて、よりよく過ごせる、あるいは、よりよいケアをするためです。

このとき、年齢は基準にはなりません。老年期は個人差が大きいので、患者一人ひとりの身体的な状況で判断されます。ガレノスも、ヒポクラテスたちの医学でも、個人のカルテに年齢を書きませんでした。症状はいろいろ細かく書きますが、年齢はそれほど重要に考えていないのです。

その人の身体や精神の状態を診て、それらのほうを重視していました。年齢を記録して一律にはやらない。なにかと年齢で区切りがちな現代も見習いたい姿勢です。

## 現代人がかかっているのは「奴隷のための医者」？

プラトンは、病気というものは一部の現象だけ診たらだめだといっています。全体を診ないといけない。心のケアもちゃんとしなさいと、心理療法のようなことをすでにいっているのです。全体を診るということは、魂をも診るということでしょう。だから、カウンセリングもおこないます。

そして、医者には二つのタイプがあるといいます。一つは奴隷のための医者、もう一つは自由人のための医者と呼んでいます。

奴隷のための医者というのは、患者をパッと診てすぐ処方箋を書き、「あなたは××です」という。ほとんど話もしないで、次々と病人に指示を与えて、パッと出ていってしまう。

一方、自由人のための医者というのは、その患者といろいろな話をして、患者の経験から医者が学ぶ。医者が学びながら、その人のケアをします。

また、インフォームドコンセントもちゃんとします。医者が患者に「あなたの病気はこれこれこうです」とちゃんと説明して、患者の訴えや悩みも聞き、きちんと互いが納得して治療しなさい、といっています。

プラトンには、こうしたビジョンがあるのです。インフォームドコンセントといえば20世紀の概念じゃないかと思いますが、２５００年前にそんなものが書かれていたのですから、驚きです。

現実はプラトンのビジョンの逆を行っています。21世紀の現代では、多くの医者は、奴隷のための医者のようになっています。パソコンの画面しか見ておらず、患者を見ない、という不満をよく耳にします。

医者は患者からも学ぶのだという柔軟な発想ができるのは、やはりすごいことだと思います。現代の医者には、患者の経験から知見を得るといえる人がどれほどいるでしょうか。

## 原子論の老化システム

原子論による老化の説明は、ちょっとプラトンと似ているところがあります。老いとは身体を構成する原子が失われていく、体外に放出されていくようなイメージです。そこでカギとなるのは食物の摂取です。

成長期には身体がそれほど大きく広がっていないので、食物は血管の中に入ると、原子を体外に放出することなく、栄養として摂取されます。身体から排出するものより、多くのものを取り入れることができる段階です。

身体が大きくなっていくと、食物を運ぶ血管内の物流が間に合わなくなって、あちらこちらで欠乏が生じてくる。そこで原子の崩壊がはじまります。

逆に、身体の外から食物が限度を超えて入ってくると、物流が滞り、やはり原子の崩壊が起こります。耐えきれなくなって、身体から原子が失われてしまう、それが老化です。原子論では魂も原子でできていますから、同じことが起こるはずです。ところが、老化していくときに、魂を構成している原子が減っていくと、明確には書いてありません。原子の構造自体が壊れていく世界なので、魂も身体の老化とともに少しずつ壊れていくのか。原子論における魂の老化は、そんなイメージかもしれません。

## 2　古代ギリシアの認知症問題

### 親が認知症になったらどうするか

古代ギリシアには、「アノイア」という、分別や知性がなくなることを意味する言葉がありました。現代でいえば認知症です。

認知症になる人は、いまと同じぐらいの割合でいたでしょう。高齢化した人の中の率でいったらそう変わりはない。認知症の親が家の財産をムダに費やしてしまったら、家督を継ぐ息子家族は本当に困ります。騙されるとか、変なことにお金を使ってしまうとか、財産を失って無一文になってしまうとか……。そういうことは、実際にけっこうあったのだと思います。

しかし、親が重い認知症になってしまった場合、息子たちは恩義ある親に、なかなかそれをいいだせません。困りますね。どうしたらいいか。

そうしたときは、自分の父親が知的な面でだめになってしまったので家督を譲ってほしいという訴えを、裁判で起こしていました。

また、プラトンはそのような認知症の対策も考えています。いわゆる後見人制度にいたる道筋について、『法律』の中で書いています。

護法官という役職があるので、そこに相談します。護法官は行政トップであるとともに、日本でいう家庭裁判所の調査官を兼ねたような存在です。事情を説明すれば、護法官が状況を調べます。

そして、護法官が告訴すべきか、どうかを助言します。護法官が告訴すべきだと助言した場合には、裁判で告訴者の証人となるだけでなく、弁護人の役割も引き受けてくれます。その結果、親の認知症が認められて、息子が後見人となり、財産を管理して、親に使わせないようにする審判が下るはずです。

このような護法官の制度は実際にアテナイにあったわけではなく、そういう制度をつくりなさいとプラトンが考えた法律上の仕組みです。

## 親を養うことは子の責務

第1章でも触れましたが、両親が老いたときに、自分を養育してくれた恩義を子どもは返さなくてはならない、とする考え方が、古代ギリシア社会には強くありました。恩義というより、感覚的には「負債」に近いものでしょう。

子どもが老いた両親の世話をして面倒をみることを意味する「ゲーロトロポス」という言葉もありました。親の側から見ると、老いの身を養ってくれる「老後の糧（かて）」となります。

アテナイの法律では、老いた両親を養わない者は市民権を剥奪（はくだつ）され、両親を虐待（ぎゃくたい）した者を第三者が訴えることもできました。

養育の恩義のある老いた両親を冷遇（れいぐう）し虐待することは、西洋古代世界では正義に最も反する行為だとみなされていたのです。

同じく老親を養う責務を重く見ていたプラトンは、『法律』で、自分の財産を父母に属するものと考えるべきことや、財産や身体や精神にかかわるあらゆる奉仕を義務づけています。

「この両親に対しては、最初にして最大の負債、あらゆる恩義のうち最も重い負債を負っているのであるから、それを返すことは当然の掟（おきて）である。彼はまた、その所有しているもの、もっているもののいっさいを、自分を生み育ててくれた親に属するものとみなし、それらを両親の奉仕に、できるかぎり提供しなければならない。まず、財産からはじめ、次には身体にかかわるものを、さらには精神にかかわるものを。そうすることは、その昔、幼い子どものために費やされた、骨身を惜（お）しまぬ親たちの気苦労や労苦の借りを返し、いまは老年の身で必要とするものの多い老人たちに、その返済をすることにほかならない」

（プラトン『法律』）

こうした親への献身や奉仕があったうえでの後見人制度というわけです。

また、親や祖父母が高齢で寝たきりになったりしても、彼らによく仕えることをすすめています。そうすれば、彼らは自分たちのために神々に祈ってくれ、神々はその祈りをよく聞いてくれるからです。

身体が弱っても、役に立つ、立たないという目で見ない。親を大切にしていたことが伝わってきます。

## 財産目当ての息子に訴えられたソポクレス

ただし、いつの世も理想どおりというわけにはいかず、世知辛(せちがら)い現実もしばしばありました。

財産目当ての息子たちに訴えられたのが、高名な悲劇詩人ソポクレスです。ソポクレスは自分の息子たちに、「父親はボケたから、財産を使わせないよう、禁治産者(きんちさんしゃ)にしてほしい」と裁判所に訴えられてしまったのです。自分たちが後見人となって、ソポクレスから家政の権限を奪(うば)おうとするものでした。

90歳近い高齢ではありましたがボケてなどいないソポクレスは、対抗策を考えた。法廷で自分の作品『コロノスのオイディプス』の一節を朗々と吟(ぎん)じました。書いたばかりで未発表だった作品、それをその裁判の過程で吟じるわけです。たとえばこんな一節だったかもしれません。

「生まれてこないのが最善のこと、
生まれたならば、できるだけ早く
生まれたところに立ち去るのが次善のこと。
軽はずみな無分別をもたらす青春が過ぎ去れば、

誰が数多くの苦しみから逃れられよう。
誰が苦難に巻きこまれずにおられよう。
妬み、内輪もめ、争い、戦い、
さらには殺人。そしてついに最後に訪れる運命が、
忌み嫌われ、無力な、無愛想で、友もない老年だ。
そこにはありとあらゆる禍が同居する」

（ソポクレス『コロノスのオイディプス』）

ソポクレスは天才です。その天才の書いた作品を聞いた法廷はどうなったか。みんな感動するわけです。こんなにすばらしい作品を90近くになって書くのですから、ボケているはずがないと判定され、息子たちの訴えは退けられました。

ソポクレスが法廷を去るときには、拍手喝采だったと、プルタルコスが書いています。

ソポクレスといえば悲劇『オイディプス王』が有名ですが、『コロノスのオイディプス』はその後日譚ともいうべき作品で、死後に上演された遺作です。

テーバイの王オイディプスは、神託にあったとおりに、自分の父親を殺し、自分の母親を妻にして子までなしていた。呪われた運命が真実だったと知ったオイディプスは、みずから

の手で両眼をくりぬいて盲目となり、不浄の者として国を追放される。これが『オイディプス王』のストーリーです。

男の子が母親を慕い、父親に敵意を示す「エディプスコンプレックス」の語源となったことでも知られています。

『コロノスのオイディプス』はその後、追放された父親を傍観するだけだった息子たちが国を継ぎ、娘を連れ各地を乞食をして放浪した老オイディプスの最期を描いています。

不条理と苦難の運命にも屈せず、息子たちに裏切られて悲惨な目に遭いながらも、わが道を歩む老オイディプス。法廷で朗読するとき、ソポクレスは息子たちに財産のことを訴えられている自身の姿を、老オイディプスの姿に重ね合わせたにちがいありません。

そして、老オイディプスに仮託して、老年になっても衰えない精神と逆境に耐える強い意志の力があると示したソポクレスに、勇気づけられた人もまた多かったでしょう。

## 親子の望ましい年齢差

親が老年になることで家族が困るという問題には、いろいろなレベルがあるし、個人差もあると思います。だいたいギリシアでは、男が35歳前ぐらいに結婚して、子どもができてというのが一般的ですが、なかには晩婚の人もいただろうし、あるいはもっと若くして結婚した人もいるでしょう。そうすると自分と子どもの年齢差はまちまちになります。

アリストテレスが書いていますが、あまり年の離れすぎた子どもと親の関係もよくないし、近すぎてもよくない、といいます。近すぎると、互いの関係が友だち関係みたいになってよくないし、離れすぎていると、子どもがようやく一人前になったときに、親が認知症になっていたり、死んでいたりするからです。

子は、親の面倒をみられない。親は、自分の養育の恩恵をこうむることができない。だから、望ましい世代交代のためにも、親子はある程度の適切な年齢差にしないといけない。と、そんなことを書いている。ということは、そういう問題が現実にあったということでしょう。

## 古代ギリシアを襲った「アテナイの疫病」

古代ギリシアの人々は、認知症以外ではどんな病気にかかっていたか。たぶん当時は、呼吸器系の病気も多かったのではないでしょうか。呼吸器系の病気とは、いわゆる肺病、肺結核などの疫病（えきびょう）、すなわち感染症です。肺病をはじめとする疫病は長年不治の病（やまい）でした。

ローマの詩人・哲学者ルクレティウスの書いた『事物の本性について』という本は、自然や宇宙の生成や文化などあらゆる現象を原子論で説明した大長編哲学詩です。古代の原子論では、物体のみならず、風やにおい、音、蒸発などの目に見えない諸現象も原子の働きによって説き明かされます。

この本の最後は、疫病で終わっています。紀元前430年頃にアテナイを襲った疫病の記述をベースとして使っています。

その頃、アテナイはスパルタを相手にペロポネソス戦争（紀元前431〜前404）を戦っていました。スパルタのペロポネソス同盟とアテナイのデロス同盟が戦って、アテナイは籠城戦を展開します。

町の城壁に囲まれた中に全市民を入れて防衛をする。その中で伝染病が発症します。「アテナイの疫病」といわれるもので、1年ぐらいのあいだに市民の4分の1が死んでしまう。

悲惨な記述が出てきます。トゥキュディデスという歴史家が書いた『歴史』の記述がもとになるのですが、突然の発熱から激しい痛みをともなって、頭痛・咳・嘔吐・下痢が起こる。のどが腫れて出血したり、身体に腫れ物が出たとか、症状の描写がいっぱい出てきて、ルクレティウスもそれを使って書いています。

身体から悪臭やいろいろな排泄物を出したり、高熱が出たり、胸痛や激しい痙攣を起こして苦しんだり、そういう病状は出てくるのですが、それがいったい何かは特定できない。この疫病はエチオピアやエジプトやペルシアなどを経由してアテナイに上陸したので、現代の医学知識から見ると、麻疹や痘瘡（天然痘）、ペスト菌など、さまざまな病原菌がいわれています。

ある人たちは、それは神のたたりであると考えたりする。コロナ禍のいまでいうところのアマビエ、疫病封じの妖怪のようなものをつくって、それにすがる人も出てくる。

でも、ルクレティウスはそうではありませんでした。

疫病というものは、原因は原子であると考えます。人体に悪い影響を与える原子、ギリシア語でいうアトモンが結びつき、それが空気中で拡散して人々の身体に吸い込まれるからだ。あるいは食事中の物に入ったり、水に入ったりして身体を悪くしているのだ。そういう考え方です。

新型コロナウイルスを経験した現代では、よくわかる感染症の経路です。２０００年前とは思えない、とても知的な姿勢です。

その考えが16世紀、17世紀のイタリアの医学者に影響を与え、チフスやコレラ、梅毒など、原因となる病原菌を発見して命名するようになる。

目には見えない病原菌がいるという発想につながっていくのです。ルクレティウスの原子論を使った記述が、近代医学に影響を与えたわけです。

２０００年前ぐらいの本が、そういうふうに科学につながっていく。古代原子論者の「物質の最小構成単位である原子を考える」ということの意味がここに出てくるわけです。

死や疫病の原因は、神のたたりでも何でもない。細かく分けて見ていけば、病気の原因となる菌があるのだ。その病原菌というものがわかれば、対処法もでてくる。原因が特定できれば対処できる、となるのです。

ルクレティウスは近代科学に多大な影響を与えましたが、それは元をたどれば古代ギリシアの原子論からきているのです。

## 3　古代ギリシアの老年と性

### 強すぎる性欲は魂の病気？

老人にも性欲はあります。機能的にはムリでも、恋心はやみません。古代の男にも女にも、そういう気持ちはたくさんあっただろうし、いまでもそうだと思います。

ローマの喜劇の中に出てくる話では、老人たちがセックスの欲望を満たそうとするストーリーがたくさんあるのです。願望としては、性欲はずっとある。古代ギリシア人も、現代人も、人間はみんな変わりません。

性欲に関して、プラトンがおもしろいことを書いています。強すぎる性欲は、身体に起因する魂の病気によるものだ、というのです。どういうことでしょうか。

身体の状態がよくないと、その影響を受けて、魂も病気になります。魂の病気には狂気と無知の2種類があるのですが、過度の快と苦がその最大の原因となります。

度を越した快・苦を経験すると、人は苦を避けて快をとらえようと夢中になるあまり、正しく判断したり考えたりすることができなくなってしまうのです。たとえば、精子が髄（ずい）のところに多量に生じると、性的欲望が強くなって人生の大部分を狂乱じみた状態で過ごすことになってしまう、とプラトンはいいます。身体のせいで魂がおかしくなって抑制がきかなくなっているのです。

性欲が強すぎて歯止めがきかない、狂気のような状態は、たいてい、身体のよくない状態が引き起こす魂の病気のためなのです。

性欲以外にも、さまざまな体液や粘液（ねんえき）がうまく排出されずに身体内に蓄積されると、魂の病気を引き起こす原因となります。その結果として、気難しさ、意気消沈（しょうちん）、臆病（おくびょう）、もの忘れの早さ、もの覚えの悪さが生じてくる、とされています。

## アリストテレスは子づくりを年齢制限した

ある年齢になったら子づくりをしてはいけない。アリストテレスは、そういうことを書いています。『政治学』の中で、男性の子づくりの期間は50歳頃までで、それを4～5歳超えたら、セックスするには健康のためなどの理由が必要、と書いています。

前述したように、子どもとの相対的な年齢が関係しているのかもしれませんが、それとセックスの欲望、願望を満たすかどうかが、どこまでリンクするかわかりません。ただ、子どもをつくるのは50歳が限度ですよ、というような形でアリストテレスはいっています。

とはいっても、ソクラテスは70歳近くで小さい子がいたわけですから、実際のところはどうなのでしょう。こういう子づくりの年齢をいう背景の一つには、男女の結婚年齢の差があるのではないかと思います。

先に述べたように、ギリシアでは男が35歳ぐらい、女性は20歳前ぐらいで結婚しています。女性が女盛りになった頃、男はもう老人になっているわけです。

同じベッドを共にしても、こっちはもう老人で、かたや女盛りとなると、第1章で紹介した「女神はまだ元気で美しいけれど、男のほうはもうセミの抜け殻（がら）みたいになって……」という神話と同じことが起こるでしょう。神話には、そういう現実がベースにあるわけでしょう。

でも、「子づくりの年齢制限」のようなことで理論武装しておけば、男にとってはベッドで迫ってくる妻を拒否するのも気が楽ということもあったのではないでしょうか。

アリストテレスはある意味で、女性蔑視（べっし）の人で、彼にとってはベッドで夫に迫る妻は好色というわけです。そんな妻は好色だというふうになってしまう。

第２章で、アリストテレスが観察した「人間の老年期の現象」の事例をあげました。そのなかに「好色な女、多産な女は早く老いる」という項目がありました。古代の出産は命がけの大変なイベントですから、多産で老化が早まるのはわかるとしても、なぜ好色な女も早く老いるのか。

これなども彼の偏見がよく出ている一例だと思います。男と女は違っている。男は支配するもので、女は支配されるものだ。こういうことを、彼は露骨（ろこつ）に書くわけです。そのような点でも、男と女の自然本性は違うといっています。

## 性的快楽の大きさを論争したゼウスとヘラ

性的快楽は女性のほうが男性よりはるかに高い。そういうことが昔からよくいわれています。男性の性的快楽と女性の性的快楽では、女性のほうが何倍も高いということが古代ギリシアやローマの時代でも書かれています。

最高神ゼウスとその正妻ヘラが、男女の性的快楽の大きさで論争していました。そこへ、もともと男性だが、7年間だけ女性に変身したことのあるテイレイシアスが、「女性の快感のほうが男性よりも9倍大きい」と真実を答えてしまい、女神ヘラの怒りを買って盲目にされてしまいます。しかし、喜んだゼウスによって予言の力を与えられた、という神話もあるくらいです。

この時代は、女性自身も、女が性の喜びをもっていることをよくわかっていました。ホメロスの作品にも、英雄が女神と一緒にベッドに寝るといった話が何回も出てきます。古代ギリシアは、女性の性的快楽が当然のものとして認められている世界だと思います。

アリストパネスの『女の議会』は、参政権のない女性たちが男装して議会に忍び込み、政権を男性から奪い、完全な共産制と女性の共有を決議する風刺作品です。男たちが若い女性と寝るためには、まず老女と寝ないといけないという法律をつくるのです。

老女一　アプロディテーにかけて、いやでもこっちに来なくちゃいけない。わたしは、おまえさんみたいに若い男と一緒に寝るのが楽しみなのさ。

若者　いや、ぼくのほうはあんたのような年寄り女は大嫌いだ。

老女一　絶対にいうことなんか聞くもんか。

〔法令の写しをひらいて見せる〕でも、ゼウスにかけて、これがおまえさんに嫌だなんて言わせないよ。

若者　こりゃ何だ？

老女一　決議さ。これによればおまえは、わたしのところに来なきゃならないんだ。

若者　いったい何が書いてあるのか言ってくれ。

老女一　では、おまえさんに読んでやろう。

「女たちは以下のように決議した。すなわち、若い男が、
若い女を欲する場合、
まず先に老女とセックスしなければ、
若い女とやってはならない。もし、その若い男がより先にセックスすることを
望まず、若い女を欲する場合には、
年長の女たちは、その若い男を
その急所をひっつかんで、引きずっていってもおとがめなしとする」

（アリストパネス『女の議会』）

自分たちが楽しい性的な快楽をもっているとわかっている女たちが、女の議会をつくり、その議会の法律として制定する。まずは老女と寝なければ、男たちは若い女とは寝られない。さあ、そこではじまるのが老女たちによる、若い男の奪い合いです。

「こっちへ来るんだよ！」

「決して放しゃしないよ！」

と引っ張り合いをするシーンが描かれています。

前言撤回、女性の共有ではなく、女性による男性の共有の話ですね。ただし、これはアリストパネスが、男性の観客を笑わせるために男性目線で書いた喜劇であることを忘れてはいけません。

## 老人はセックスの喜びがなくなったことを必ず嘆く

じつはこの『女の議会』で描かれるような、共産制と女性の共有制に関連する哲学があります。それはプラトンの『国家』です。『国家』の中にこの二つの制度がたしかに出ているのです。それについては第4章であらためて解説しましょう。

そのプラトンの『国家』の最初のところで、男性の老人同士が集まったら、必ずセックスの喜びがなくなったということを嘆く（なげ）という話が出てきます。

人間の楽しみや欲望といえば、昔もいまも、食欲、性欲、金銭欲、権力欲とかがメインですね。性欲はそのなかでも大きなものの一つです。若いときのそういう喜びを、いつまでも求めつづけたい。そういう気持ちは、いくつになっても、叶わなくなっても残るのではないでしょうか。

ソクラテスの流れを汲むキュニコス派の人たちは、徳だけで自足できるとし、当時の社会道徳や慣習を捨てて「自然にしたがって生きる」を信条とし、自然な欲望にしたがい自由に生きることを追究しました。

なかでも有名なのはディオゲネスです。プラトンとほぼ同時代の人でしたが、食べ物を入れるずだ袋一つだけで、裸同然の姿で樽の中に住みました。

貧しい乞食のような生活でしたが、自然な欲望にはあるがままということで、広場でもやりました。公衆の面前でセックスをしたのです。犬（キュオーン）と一緒だから、犬儒派（キュニコス）と呼ばれました。

おおらかといえばおおらかです。セックスは自然だ。食事が自然で、どこで食べてもよいなら、セックスもどこでやっても同じ。自然な欲望なのだから隠すほうがおかしい。それは自由を失っている。そういう主張です。

## 古代ギリシアではなぜ裸体だったのか

ヨーロッパの神話では、神々はみんな裸です。神々は裸でいるのが当然なのですね。なぜかというと、完全な姿だから。衣類をつけること自体が不自然になります。神は完全無欠であり、裸も完全無欠。完璧（かんぺき）なプロポーションです。だから完全な姿の裸体は、そのままが最高に美しいのです。

海蛇に巻きつかれて苦悶（くもん）の表情を浮かべる有名なラオコーン像など、多くのギリシアやローマの彫刻もそうですね（ラオコーンは神官で、神ではありませんが）。ルネサンス期になりますが、ミケランジェロ作のダビデ像なども完璧な裸体美でしょう。

古代では、神々はむしろ裸でないとおかしい。もし神々の彫像に腰布を巻いてしまったら、かえって猥褻（わいせつ）になります。

古代オリンピックの競技者も裸でした。みんな勇者で完璧なヒーローですから裸。みんな素っ裸で競技をしたのです。ギリシアでは、競技選手だけではなく、誰もが裸でスポーツをしました。

体育場のことをギュムナシオンといいますが、これは裸を意味するギュムノスからきています。つまり、体育場とは、日本の温泉場みたいに、みんな裸になる場所なのです。

プラトンの『国家』の中で、男女共同の教育という話があります。

プラトンは当時としては珍しく、男女は平等という考えの人です。哲人王は男性だけでなく、女性の哲人女王も想定しています。

哲人統治者を養成する教育のプロセスには、体育で身体を鍛えることも含まれます。そのときはみんな裸で体操し、身体の訓練をする。女性も裸でやりなさい、と書いてあるのです。現代のわれわれの感覚からすると、女性が裸で体操とは、なかなか想像しづらいですね。

もちろん、いつでも裸だったわけではなく、体育や競技をするときだけです。拳闘（けんとう）などのときも、何も武器をつけていないということを示すため裸になります。いまでいうＫ－１のようなものですね。手には保護のため革ひもを巻きましたが、裸でなぐりあった。レスリングも裸です。

競技を観る人は着衣です。選手は裸を見られてもまったく平気。自分が美しいのを知っており、そのために鍛えているのですから。神の似姿のごとく完璧な裸体を誇っていたことでしょう。

ユダヤ教やキリスト教世界になると、裸を隠します。知恵の実を食べたアダムとイブは裸を恥ずかしく感じるようになったため、イチジクの葉で局部を隠しました。特に女性の裸を見ることは、肉欲につながるということで悪とされました。

イスラム教では、女性の魅力を隠すため、顔さえもブルカというベールで覆う。男性も人前で裸になるのを慎みます。

でも、隠されると逆に魅惑を感じてしまうこともありますね。隠されたり、禁止されると逆に見たくなる。禁じられるから、逆にその欲望が芽生えてしまう。宗教のタブー（禁忌）にはそういう面があります。

宗教はタブーを必要とします。これをしてはいけないという禁止の戒律をもうける。それは神や宗教的権威への従順さを試し、誘惑や葛藤に打ち克つ宗教心をやしない、人間の弱さや罪を自覚させる。人間は、だめだといわれると逆にやりたくなりますが、そこにはタブーの仕組みが働いているわけです。

## 人は失われた半身を求める

エロス（ギリシア語でエロース）はギリシア神話の愛の神で、ローマ神話でいうとキューピッド（ラテン語でクピードー）です。そこから、現代では性愛や愛欲というイメージで語られがちですが、愛の神、あるいは美を求める衝動をあらわしています。

プラトン哲学では、自分に欠けているものを求める衝動、真の美しさを求める強い欲望として描かれています。

プラトンの『饗宴』は、飲み会に集まった人々がエロスのことをあれこれ語ったり賛美する話からはじまります。その中に、なぜ人は他の人を求めるのかという有名な話がありますので、簡単に紹介しましょう。

太古の昔、人間の種族には三種類あって、男性、女性だけではなく、第三の男女の両性をもつ「アンドロギュノス（おとこおんな）」という種類がいた。どの種類の人間も全体が丸い形で、それぞれが四つの手足と二つの頭と二つの隠しどころをもっていた。彼らは強くたくましく、神々にも反抗したので、ゼウスは彼らを二つに断ち切ってしまった。

本来の姿が二つに断ち切られた人間たちは、自分自身の半身に恋焦（こいこ）がれて一体となろうとする。だから、互いを互いに求めあう恋心（エロス）は、人間たちに生まれながらにそなわっているのだ。

エロスは、二つになったものから一つのものをつくり、人間の最初の姿を回復し、治癒（ちゆ）するもの。両性具有の「アンドロギュノス（おとこおんな）」から生まれた男は女好きになり、他方の女は男好きになる。もともと男性から生まれた男は、自分の半身を求めて男好きになり、もともと女性から生まれた女は同様に女好きになる。

これが作中、アリストパネスが語った話とされています。先述した『女の議会』の作者である喜劇詩人です。異性愛か、同性愛かは、人間のもって生まれた自然本性によって決まることになります。現代でも通じる、自由でのびやかな人間観ではないでしょうか。『饗宴』はこのように、エロスを讃える飲み会の話からはじまり、最後には美のイデアを求めることにいたる内容です。構えず気軽におもしろく読み進められるので、機会があれば手に取ってみてはいかがでしょう。

## 4　古代ギリシアの死生観

### 死を考えざるをえないのが人間

人はいくつになったら死と向き合い、死について考えるようになるのでしょうか。

これは本当に十人十色で、子どもの頃から死を恐れてきた人もいれば、90歳を過ぎて『私何だか死なないような気がするんですよ』というエッセイを書いた宇野千代さんのような方もいる。特にいくつになったら考えるというものではないでしょう。

ただ一般的には、人は死を恐れつつも、高齢になってくると恐れるだけでなく死と向き合うようになっていきます。表立ってはいわないけれど、心の底でなんとなく死にまつわることを考える。

プラトンの『国家』は、ケパロスという高齢の老人と、まだ40代後半ぐらいのソクラテスの対話ではじまっています。老年になって死が近づいてくると、誰でも自分の生き方はこれでよかったのか、それを考えざるをえなくなる、と老ケパロスは語ります。

「人は、やがて自分が死ななければならぬと思うようになると、以前は何でもなかったような事柄について、恐れや気づかいが心に忍びこんでくる。たとえばハデス（冥界）のことについて言われている物語、――この世で不正を犯した者はあの世で罰を受けなければならないといった物語なども、それまでは笑ってすませていたのに、いまや、もしかして本当ではないかと彼の魂をさいなむのだ。（中略）こうして、自分の生涯のうちに数多くの不正を見出す者は、子どもたちのように、幾度となく眠りから覚めては恐れにふるえたり、暗い不安につきまとわれて生きたりすることになる。けれども、わが身をかえりみて何ひとつ不正をおかした覚えのない者には、つねに楽しくよき希望があって、老いの身を養ってくれる」

（プラトン『国家』）

長生きといっても、せいぜい人生１００年です。あと自分の人生は何年か、と思うようになると、自分の生き方がこれでよかったのかどうか、正しい生き方をしてきたのかどうかということも含めて考えるし、死後のことも考えるようになっていく。

答えは出ないと思いますが、それでも、考えるなといっても考えざるをえないと思うのです。

## 死んだらどこに行くか

日本人が、いま、死んだらどうなりますかと聞かれたら、どう答えるでしょう。死んだらご先祖様の元にいくとか、土に還(かえ)るとか、そういう答えでしょうか。

無宗教といわれる日本人ですが、死ぬとまったくの無になってしまうのではなく、自分の何かが残るような感覚があるのではないでしょうか。特に身近な人の死を経験すると、そう思うように感じています。プラトンの場合、魂は不滅で輪廻転生(りんねてんしょう)していくという形で考えています。

古代ギリシア人の場合も、季節がめぐるように、生命が循環するイメージをもっていたと思います。日本人のわれわれがよくイメージするような四季のめぐり、つまり春がきて、大地からいろいろな草花が生えて命が芽吹き、夏に栄えて、秋に実りとなって、冬になって枯れて死ぬ。そしてまた春になって芽が出てくる……。そういう生命が循環する世界観は古代ギリシア人にもあると思います。

ギリシア人は、死者に敬意を払い、遺体を手厚く埋葬することを重んじました。定められた仕方で葬儀をおこない、火葬にしました。火によって汚れた身体を燃やして、魂を浄めてから送り出すという意味合いがあったのでしょう。ただし、奴隷や小さな子どもは土葬にされていたようです。

ハデスとはギリシア語で「眼では見えないもの」を意味し、ギリシア神話中の地下の死者の国の支配者、冥界の王の名前です。そこから死の国、冥府のことも意味します。人は死ぬと地上から地下のハデスにくだると考えられていました。

冥府と聞くと、日本でいう地獄のようなイメージを想像してしまいがちですが、そうではなく、ハデスは冬のような死が支配している世界のイメージです。

そこに行った死者は、また季節がめぐって春になると、循環して、生に戻ってくる。そういうめぐりの感覚が、基本的なギリシア人の死生観を形づくっているように思います。日本人の感覚と似ているところがある。

日本でも、家の神様がいて、家に神棚を祀る文化がありますが、ギリシアでも先祖からの神々を祀るとか、似ている部分があり、そういうものも関係があるように思います。

厳格な教義をもつ宗教ではないので、輪廻転生を明確な形で、何年周期で戻ってくるとか、きっちりと考えている人は少なかったでしょうが、命の循環みたいなことはみんなが感じ、信じていたことでしょう。

## 「死後の世界」をも語るギリシア哲学

私は死後の世界を見てきましたよ、という人は昔からいました。いわゆる臨死体験も昔からあったのでしょう。では、死後の世界を哲学はどう扱ったのか。理論として明確に出しているか、それとも神話の物語になってしまうかというところで違ってきます。

プラトンの場合は、理論は理論として展開し、論理的に語れないものは物語として語りました。そういうときには、ここから先は物語になる、と断っています。「ミュートス」という言葉を使いますが、ここまでは論理だけれど、こちらはミュートス、虚構の話、神話ですよと断って話を進めています。

ミュートスは物語のことで、神話や英雄伝説、説話にも使われます。これに対するのがロゴス、言葉や理性、理論といった論理的な概念です。

臨死体験の話は、プラトンも、ミュートスとして導入しています。

輪廻転生することもミュートスで書いています。プラトンは、ある死んだ人がよみがえる話を、死の世界を見てきた人が物語をするという形で書いています。

死者の魂がふたたび地上に降り立つときには、眼前にいろいろな人生のパターン、動物を含めたさまざまな生き方のパターンがあらわれます。そこから選んで、その中に入っていくわけですが、そのときに忘却（レーテー）の川の水を飲む。すると、それまでの記憶を全部失ってしまう。

自分が生前にもっていた記憶がまったくなくなって、まっさらな魂として入っていく。だから、前世の記憶というものはまったく残っていないのだ。

こういうことをミュートスとして書いています。ここからは物語ですよ、と断りを入れて語るのですね。その目的は、知らないことについては知らないとしたうえで、なお、語るためだろうと思います。

たとえば、死後の世界について、私たちは死なないと、それがあるかどうかも知ることができませんが、それがどんなものかを問いたくなります。死んだらどうなるのだろう。たとえ知りえないことがわかっていても、疑問がわくでしょう。

そのような抑えきれない疑問に迫られ、それに答えるために、プラトンは想像力を働かせて、そこはこんな世界かもしれないとミュートスで語ってみせるのです。論理的ではない話、真実ではない話だけれど、では、あなたはどう思い描くのか、と問うているともいえるでしよう。

プラトンの著作では、プラトン自身は登場しません。登場人物がいろいろな対話をするドラマ仕立てなので、「この教説を信じなさい」という書き方がうまく避けられているのが特徴です。それも、プラトンは読者に答えを示すのではなく、読者が考えることを求めているからなのです。

## ソクラテスはなぜ死を恐れなかったのか

訴えられ、裁判で死刑判決が出されたときに、ソクラテスは死についての考え方を述べています。プラトンの書いた『ソクラテスの弁明』にそれが書かれています。

ソクラテスは、死というものが何か自分は知らないというのが基本の立場です。ただし、死がよいものである大きな希望はあるといいます。

もし死とは無になることであれば、一切の感覚がない状態で、人が眠っていて夢一つ見ないような、心安らかな眠りのようなものであるかもしれない。もし死後はハデスに行くのなら、そこでいいことがあるかもしれない。だから、死はとてもいいものなのかもしれない。

けれども、人は知らないのに恐れます。そのおかしさをこんなふうにも述べています。

「なぜなら、死を恐れることは、諸君、知恵がないのにあると思うことにほかならないからです。つまり、知らないことを知っていると思いこむことなのです。なぜなら、誰一人として、死を知っている者はいないから。ひょっとすると、それは人間にとってあらゆる善きもののうちで最大のものかもしれないのに、害悪のなかでも最大のものであることをまるでよく知っているかのように恐れているのです。そしてこれこそ、あの恥ずべき無知、知らないことを知っていると思いこむ、あの無知ではないとどうしていえるでしょうか。しかし、私は、諸君、この点でこの場合も、おそらく多くの人々とは違っているのです。つまり、もし私のほうが人よりなんらかの点で知恵があると主張するとなれば、私はハデスのことについてはよく知らないから、そのとおりにまた知らないと思っている、という一点に尽きるのです」

（プラトン『ソクラテスの弁明』）

知らないものを恐れるとは、おかしな話だともいえます。

ソクラテスは、知らないものは知らないという立場で、死を考えた。誰でも自分の死は、死んでみるまでわからない。しかし、死を恐怖すること自体が、知っているものと思いこんで恐れていることになります。これはよく考えるとおかしいですね。

ところで、魂も原子からできているとする原子論では、死とは肉体と魂がバラバラの原子に分解されることです。死んだあとには魂は存在していないので、恐怖を感じる主体がない。したがって、死は恐れるに足らないという考え方になります。

死んだ後に魂が残るか、残らないかでも考え方が違ってくるのです。

## 死を恐れさせる二大原因

では、何がわれわれに死を恐れさせるのでしょうか。

一つには、生物の自己保存、つまり自分の命を守り、生き延びようという生存本能から、死を恐れるのでしょう。たとえば車にひかれそうになったら、誰もがこわいと思いますね。

そしてもう一つ、宗教というものがあって、それが死を恐れさせます。

死後の世界で起こることを恐れさせることによって、宗教的な権威と秩序を保つ。それによって集団や社会を保つことになるわけです。宗教はそういう形で死に対する恐れを使ってきた部分があると思います。

洋の東西を問わず、地獄絵図というものが登場します。日本で閻魔(えんま)様とか地獄の教えが広まったのは、平安時代の天台宗(てんだいしゅう)の僧侶源信(げんしん)が、死後の世界を描いた『往生要集(おうじょうようしゅう)』を著(あらわ)した10世紀末ぐらいからです。釈迦(しゃか)の説いた原始仏教には、地獄はなかったはずです。

仏教は途中から地獄の教義を取り入れて、「おまえたち、こんな恐ろしい目に遭(あ)うぞ、針の山の地獄に落ちるぞ、炎熱地獄に落ちるぞ」という形で脅(おど)し、死の恐怖を煽(あお)る。そうして改心させて、極楽浄土(ごくらくじょうど)に往生する方法を説いたのです。死への恐れを、文化的な仕組みとして取り込んだのだと思います。

いわゆる生存本能の死の恐れと、宗教、文化的な装置としての死の恐れという二つの理由で、死への恐怖がつくりあげられ、強められていったのです。

## 自分が死ぬ日をわからなくされた存在

ギリシア神話の中に、おもしろい一節があります。ゼウスが、人間が死ぬときをわからないようにした。人間のために、死がいつくるのか、わからないようにしてやったのだ、という話があります。

もし「自分は何月何日に死ぬ」とわかっていたら、もうそのことしか考えられなくなってしまうでしょう。でも、われわれは必ず死ぬわけです。それがいつかわからないだけで、死に向かって生きていることは間違いありません。

仮に人間の寿命は１２０歳ぐらいまで生きられるとします。それなら「あなたは60年後、１２０歳で死にますよ」といわれたとしても、まだショックは少なそうです。しかし「60年後の何月何日で死にます」とピンポイントでいわれたら、頭にそれがインプットされてしまって、どうにもならなくなる。

さらに、死の恐怖を利用する人も出てきて、脅かされたりもするでしょう。

それをうまく克服(こくふく)する生き方もあると思いますが、なかなかそうはならないものです。

目の前に死の日程が提示されると、人間は弱い。死がくるのが見えず、死ぬ日がわからないから、日々を安穏(あんのん)に暮らしていけるということでしょう。

## 死への恐れに哲学はどう対処したか

昔から人間は死を恐れていました。しかし、古代ギリシアに端を発する哲学者たちは、「そんなふうに過度に死を恐れるのは妥当(だとう)だろうか」とあらためて疑問を投げかけたのではないかと思うのです。

ローマの哲学者キケロは、死というものには二つの可能性があるといっています。死んだら魂も何もなくなって、無になってしまう。これが一つ。もう一つは永遠の世界です。永遠に魂が生きているような、そういうところに行く。このどちらかだろう、と。

もし死が何もなくなることであれば、死を恐れる必要はなにもない。先にふれた原子論と同じ考え方です。あるいは、永遠の命があって、永遠の世界に行くのであれば、それはすばらしいじゃないか。どちらにしても死は恐れるべきことではないのではないか。

キケロの考え方は、ソクラテスの考え方に近いといえます。

ソクラテスは、自分は死を知らないといいました。ひょっとしたら、死というのはよいことかもしれないと考えました。ソクラテスになったつもりで想像してみましょう。

死んだら、手に入れようと熱望しつづけてきた知を得られるかもしれない。すばらしい先人たちと出会って、そこでゆっくり会話ができたりするかもしれないし、もうこれ以上心地よいものはないという、すばらしい眠りのようなものかもしれない。

ひょっとしたら、ものすごくいいものが見つかり、生きているよりも格段にいいことになるかもしれない。

もちろん、そうではないかもしれません。でも、われわれはそれを「知らない」わけです。死というのは死ぬまでわからない。知らないことを恐れるというのは、知らないものを知っていると思いこむからで、最もはなはだしい無知だと考えるわけです。

ソクラテスは刑死しますが、最後まで自分が訴えられたような悪いことをしたとは思っていませんでした。自分は正しい生き方をしてきた。正しい者には死んでからも、もし死後というものがあれば、神々がよくしてくれるだろう。

それはある意味で、信仰心に近いものかもしれませんが、きっと希望をもって死んでいけたのだろうと思います。

ドクニンジンの入った盃(さかずき)を飲み干し、横たわる身体に毒が回りはじめたソクラテスの最期の言葉は、じつに淡々としたものです。

**「クリトン」とあの方は言いました。「われわれはアスクレピオスに、鶏一羽の借りがある。どうか忘れずに、お返ししてくれ」**

（プラトン『パイドン』）

キケロも書いていますが、人間が生まれ、成長し、老いて死んでいくのは、自然の一連のプロセスで、当たり前のことです。死だけは特別ということではない。自然のプロセスの一つだから、それを迎えるのはごく普通のことで、恐れることではない。そんなふうに死のことを考えるわけです。

そして、死によって魂と肉体は決別するが、魂は不滅で輪廻転生していく。

死を考えることは意味がない、といっているわけではありません。考える意味はあるけれど、ただ、それをむやみに恐れるのはちょっと違う。知らないことを知っていると思いこむのは、大きな無知におちいることだ。死についてですら、それは同じことである——ソクラテスの考えは、こういうことになると思います。

## 死をめぐる言葉あれこれ

死をめぐる言葉はいろいろあって、それぞれが印象深く人に刻まれるようです。「タナトス（死）」というギリシア語は、ギリシア神話の死の神のこともあらわしますが、フロイトが精神分析で使ったので有名になりました。人間の深層心理には、生きたいという願望だけではなく、死への衝動＝タナトスがあるのではないか、という説です。

英語でeuthanasia（ユーサネイジア）という言葉があります。安楽死をさす言葉です。これはギリシア語の「エウタナシアー」をそのまま英語読みしたものです。安楽死については後述します。

有名なものには「メメント・モリ」があります。ラテン語の格言で「死を忘れるな」「死を思え」。

もともと古代ローマでは、明日は死ぬ身かもしれないから、「今日を楽しめ」という意味にも使われたようですが、キリスト教世界になると、逆に、「この世の楽しみや栄誉などはむなしいものだから、死後の救済や永遠の天国を思うようにしなさい」と、人々をさとす言葉になりました。

古代ギリシアのデルポイの神殿には、「汝自身(なんじ)を知れ（グノーティ・サウトン）」という格言が刻まれていました。

自分自身を知るということは、どういうことか。自分が不死なる神などではなく、限界のある存在であることを自覚せよ、ということです、命も限られている。何でもできるわけもない。何をやっても許されているわけでもない。そういう限られた存在であることを知る、ということでしょう。

## 自殺を否定したプラトン、自殺を肯定したストア派

自殺については、プラトンは、はっきりと否定、禁止しています。自殺はよくないと『法律』の中でちゃんと規定していて、自殺した人に対して、その墓をふつうの公共の場所につくってはいけない、ということまで書いています。

『パイドン』では、ソクラテスの語りを借りて、人の命は神から与えられたもの（人間は神の所有物）であるから、それを自分の力で殺（あや）めてしまうのは神に逆らうことだ、と書いています。神から与えられた自分の持ち場を離れるような、自分で放棄してしまう形での自殺はよくない、と。

一方、ストア派では自殺を容認しています。

「ストイック」という言葉の語源であるストア派は、プラトンより少し後からローマ時代ま

でつづいた哲学の主要な学派です。キリスト教世界にも取り入れられ、長く大きな影響を与えました。禁欲と克己（こっき）、不動心（アパテイア）をモットーとしており、セネカや『自省録』を書いたマルクス・アウレリウスなどが有名です。

ストア派では、自死を選ぶことができます。つまり自殺容認の立場ですが、ただし、安易に積極的に死んでいいといっているわけではありません。状況によっては死を選ぶことも仕方がない、生死の決定はその人に委（ゆだ）ねる、よい生き方がもうできなくなったのなら死んでもいい、神がその合図をくれるだろうということです。

想定しているのは、もう死を選ばざるをえないような政治的な危機状況に追い込まれたときなどです。そういった場合に自死を選んでもよい。

するとと、ドクニンジンをみずから飲んで死んだソクラテスは自殺なのか、という疑問が浮かびます。ソクラテスは自殺ではなく、あれは刑死です。刑として毒薬を飲まされたのです。では、なぜ逃げなかったのか。逃げようと思えば、国外に逃げられました。牢獄（ろうごく）はいまの刑務所みたいな頑丈（がんじょう）な施設ではないので、牢番にちょっとお金を渡せば脱獄できたのです。

プラトンは『クリトン』にその経緯を書いています。クリトンはソクラテスの友人で、ソクラテスを逃がしたかった。逃がすことは簡単にできたはずです。でも、ソクラテスが選ばなかった。逃亡は「よく生きる」ことに反するといって、その刑に服する形で、毒を飲みました。

ソクラテスは、死を受け入れる道を自分で選んだのかもしれませんが、自殺とは違います。

## 「安楽死」と「安楽に死ぬ」は違う

「エウタナシアー」が現代では安楽死を指す言葉として使われていると書きました。それと、いまのわれわれが思うような安楽死とはちょっと違います。

エウというのは「よく」、タナシアーはタナトスからきたもので「死」を表します。ですから、エウタナシアーは「よく死ぬ」ということ。

もともとは「よく生き、よく死ぬ」というように、「よく生きる」を延長した先に「エウタナシアー」があるイメージです。

じつはエウタナシアーという言葉は、古代ギリシアの哲学者も文学者もあまり使いませんでした。ところが、いまは末期医療の患者が身体的・精神的苦痛から逃れるため、自分の選択として人工的な生命維持をやめ死を選ぶ、といった意味合いで安楽死が語られています。

そうした自死は、古代にはありません。

死の場面だけが切り取られて語られている感もあり、「よく生きた結果、よく死ぬ」というプロセス全体の視点で見るとどうなるのか、気になります。

## 哲学者たちの死にざま――プラトン、アリストテレス、キケロ、セネカ、ピタゴラス

▼プラトン（前４２７～前３４７）

プラトンは、80歳で書きながら死んだといわれています。最後まで、ずっと著作を書いているんですね。プラトンの最晩年の著作である『法律』も未完ですし、いくつかの著作が途中のままになっています。また、書くよと他の作品で予告されていながら、書かれなかったものもあります。

だから、本当に最後の最後まで書いていたのだろうと思います。アカデメイアで学生と付き合いながら、本を書いて、教育もして、ということをずっとつづけた人生でしょう。

▼アリストテレス（前３８４～前３２２）

アリストテレスは病死ですが、記録がないので死因はよくはわかりません。マケドニアのアレクサンドロス大王が死ぬと、アテナイで反マケドニアの機運が高まり、かつて王の家庭教師をつとめていたアリストテレスは、難を避けて母の生まれ故郷に逃れます。

翌年、その地で病気にかかり、亡くなりました。亡くなる前に、アリストテレスは思いや

り深い遺書を書き残しています。自分の子どもたちのことだけではなく、奴隷や召し使いを自由の身にしてやるように、などと細かく記しています。

学問も最後までつづけていたでしょう、62歳ですから。ちょっと早死にですね。まだもう少しやれていたはずです。ただし、さまざまな分野で膨大（ぼうだい）な量と高い質の著作を残しているので、早死にのわりにはもう十分やっているという見方もあるでしょう。

▼キケロ（前106〜前43）

古代ローマで政治家としても活躍したキケロは、63歳で暗殺されました。失脚して逃亡しようとするところを殺されてしまった。

キケロは『老年について』で、年をとったら郊外の農園での気楽な生活がいいですよ、などと理想を書いていますが、やはり政治家ですから根っから政治が好きなのです。

キケロは、壮年のときに国を守る大きな手柄を立てています。政敵の陰謀を事前に見破って、国父（祖国の父）の称号を得るという、ものすごい栄誉をもらった。その後、失脚してしまって、最後までなんとか復権しようと願っていたのです。

キケロが哲学の本を書いたのは、そういう失脚している期間でした。著作はたくさんありますが、ふだんは政治をやっていた人です。

▼セネカ（前4頃〜後65）

ローマ時代のストア派の哲学者セネカは、劇作家として多くの悲劇作品を書きましたが、政治家としても活躍しました。晩年にはローマ皇帝ネロに家庭教師として仕えます。自分の身が危うくなって、政治から身を引いてから、哲学や倫理にかかわる著作を数多く書きます。それまでは政治ばかりやっていました。

政界を引退した後で、謀反を疑われ、ネロの命により69歳で自害しました。ドクニンジンを飲んだが死にきれずに、風呂場で静脈を切って死んだと伝えられています。

▼ピタゴラス（前５７０頃？〜前４９６頃？）

ピタゴラスの生涯は不明な点が多く、はっきりしたことはわかっていません。が、ちょっと変わった最期が伝わっています。

『ギリシア哲学者列伝』（ディオゲネス・ラエルティオス著）によると、ピタゴラスは弟子たちとある屋敷で集会を開いていたときに、入門を断られたことに恨みをもつ者から、焼き討ちに遭います。

逃げる途中に、行く手をさえぎる豆畑を前にして立ち止まります。ピタゴラスは、なぜだか理由はよくわかりませんが、そら豆が嫌いでした。みずからがつくった宗教教団でもそら豆を食べない規則があるほどで、豆に触れることすらタブーにしていました。ですから、「豆か、死か」の究極の選択だったのでしょうか。

結果、「豆を踏みつけるよりも、ここで捕まろう」と豆畑に踏み入るのを拒否して、捕らわれて殺された、といいます。ピタゴラスが80歳か90歳の頃です。

異説としては、40日間断食してみずから命を絶ったという話もあります。いずれにしても、前6世紀頃の人の亡くなり方は、史実というより伝説に近いものかもしれません。

ピタゴラスはプラトンと同じく魂は輪廻転生するという考え方をしたので、死は豆より怖くなかったのかもしれません。

## 哲学は「死の練習」である

死とは何か。プラトンには死の定義がありました。「肉体と魂が完全に分離すること」、それが死といわれているものです。

死んだ後に魂はどうなるかというと、魂は魂として存在して、永遠不滅に残っています。そして輪廻転生をくり返します。死後にも自分の魂が存在しているわけですから、べつに死を恐れることはない。そういう考え方になります。

加えて、こういう考え方も導かれます。

プラトンにとって、「哲学をする」ということは、魂が、身体的な感覚や欲望、わずらわしさなどから逃れて、自分自身に集中して、ものを考えることでした。

魂がこころおきなく真理を探究する。それが哲学をすること。

これはじつは特別なことではなく、誰もが日常的に経験していることです。読書にしろ、趣味にしろ、何かに集中しているときは、身体のことや、時間、お腹が空くのも忘れて一生懸命になっていますね。いわゆる、われを忘れて没頭（ぼっとう）している状態です。

哲学もそうです。本当に一生懸命考えて知に集中していたら、その時間は身体のことを忘れる。哲学を探究していくというのは、そういう意味では肉体からできるだけ離れることなのです。身体のいろいろな情報から離れて、欲望からも離れて、魂を魂だけとして、純粋に魂そのものになる。そのように、「魂の活動に集中することが哲学だ」と考えたわけです。

そうするとどういうことになるのか。『パイドン』の中で、プラトンはソクラテスにこんなふうに語らせています。

「ところで、まさにそのことこそ、つまり、魂の肉体からの解放と分離こそ、死と名づけられているものではないか」

「まったくそのとおりです」と彼は答えました。

「他方、われわれの主張では、このことをつねに切望してやまないのは、とりわけ、いやむしろ、ただ正しく哲学している人たちだけであって、哲学者たちが心がける仕事とはまさにそのこと、すなわち、魂の肉体からの解放と分離なのだ。そうではないか」

「明らかにそうです」

「それでは、私が最初に言っていたように、人生をかけて、死んだ状態にできるかぎり近づけて生きるように、自分自身を準備してきた人間が、いざその死が自分にやってきたときに嘆くというのは、おかしなことではないだろうか」

「おかしなことになります。どうしてそうでないことがあるでしょうか」

「そうすると、シミアスよ」とあの方は言いました。「正しく哲学をしている人たちは、死ぬことを練習しているのであって、死んだ状態になるのは彼らにとって、世の誰にとってより、恐ろしいことではない」

（プラトン『パイドン』）

魂ができるだけ肉体から離れて、魂だけになることが哲学だとすれば、それは死の練習になる。なぜなら、死とは魂が肉体から離れることだからです。そのような意味で、哲学とは「死の練習」でもあるのです。

# 第4章　よく生き、よく考え、よく行動する

# 1　幸福とはよく生きること

## 幸福とは行為である

よい人生を送りたい。よく生きたい。みなさん、そう思って生きているでしょう。「よく生きる」ということはどうすることか。それを考えてきたのが哲学です。

よい人生とは、長生きすることかといったら、それではちょっと足りません。では、よいおこないをすることでしょうか。真っすぐ前を見て、ボランティアに燃えるとか、そんなイメージとも違います。善悪という道徳観で見ては、狭くなってしまう。よい生き方というのは、もっと広い意味での生き方だと思います。

自分の個性を、のびのびと発揮できるような生き方、とでもいいますか。そういうとだいぶ近くなってきた感じがします。人には、それぞれその人のタレント（才能・素質）があります。そのタレントに合った生き方が基本にあるでしょう。自分のあり方を十全に発揮できるような生き方。よく生きるとは、そういうものに近いかもしれない。

そんな生き方になっているときには、いい気分や幸福感にひたれます。もちろん、そういう感性的なものも大切ですが、二次的なもので本質的な話ではありません。

「よい」とは何か。「幸福」とは何か。これが哲学のテーマですが、そう聞くと日本人の頭にはすぐに幸福感というものが浮かんでしまう。「幸せってなんだっけ」といったら、「それはポン酢しょうゆのあるうちさ」といった、ほっこりしたイメージやリラックスした雰囲気につながってしまう。感覚的な幸せ感が、先に立ってしまうのです。

そういう感性が悪いというのではありません。それが日本人の特性なのです。でも、そこには抜けているものがあります。

幸福は感じ方ではなく、生きるという行為です。どうやって生きるか、何をして生きていくかを追い求めること。気分や感覚ではなくて何かをする行為なのです。

充実している命の生き方、充実している生の生き方。その行為です。たとえば、仕事をしているときの達成感。そういうものに幸福は含まれていると思います。

## 「うまくやったね」という生き方

私たちは、死というものに自分を摑(つか)まれている。逃れられない定めとして自分を握られています。それによって引きずり回されてしまう。でも、それはよい生き方なのか。ちょっと違うのではないか。

死というものを、どこかで相対化して、恐れるべきものではないと思わせるような哲学が、人々にとってはプラスになるはずです。だから、哲学は死の練習をすることだと先に述べました。死に振り回されないようになるためです。哲学は、もともとよく生きることを目指しているのですから。

よく生きるという場合の「よく」というギリシア語は「エウ」だといいました。英語でいうと「well」に当たります。

「よく」と日本語でいうと、すぐ倫理的な、道徳的な「善く」をイメージしてしまいます。ギリシア語の「よく」はそうではない。英語圏では、子どもがうまい絵を描いた場合に「Well done!（よくできました！）」といいます。そういう場合の「よく」なのです。また、「刃物をよく研ぐ」「薬のことをよく知る」「人のことをよく言う（＝ほめる）」などの場合にも「エウ」が使われます。「十分に」「ふさわしく」「快（こころよ）く」という意味も含まれています。

よくできました、よくやり遂げましたね、うまくやったね、という場合の「うまく」とか「上手に」に似ています。

## 幸福とはいまをよく生きること

ギリシア語では「幸福」のことを「エウダイモニアー」といいます。「エウ」と「ダイモニアー」が組み合わさった言葉です。「ダイモニアー」はもともとの言葉が「ダイモーン」で、英語では「デーモン」、守護霊とか神の霊を表す言葉です。

ですから、「神の霊に導かれてよい人生を送る」というのが「エウダイモニアー」。これが「幸福」のギリシア語のもともとの言い方です。

同じような幸福を表すギリシア語で、「エウ・プラッテイン」という言葉があります。「プラッテイン」というのは「おこなう」ということ。「よくおこなう」。これもまったく同じ「幸福」という意味で使われます。

つまり「幸福」とは何かというと、ギリシア語では、よく生きることであり、よくおこなうこと、うまくやることなのです。それが「幸福」の意味なのです。

行動することを含んでいる言葉です。「エウ・プラッテイン」ですから、よくおこなうこと、よく行為すること、それがよく生きることであり、よく生きることは何かといったら、幸福なのだということになります。

おもしろいのは、よく生きるという行為は、行為の中に目的があるのです。それはどういうことか。ちょっとややこしく感じるかもしれませんが、じわじわ考えていきましょう。

痩せるためにダイエットをする。美しくなるためにダイエットをする。ここで、ダイエットをするという行為は、目的ではありません。「美しくなるため」というのが目的ですね。

でも、「よく生きる」とか「幸福になる」というのは、その中に目的があるのです。

つまり、「よく生きるのは、何のためか？」と問うたら、それは「よく生きるため」で、そのこと自体が幸福だからです。「幸福になるのは何のためか？」とは、もう問えません。

プラトンがこう書いています。「他人から正しい人と思われたい」と思う。あるいは、「力の強い人間になりたい」と思う。そういう思いに対しては、「どうして？　何のために？」と聞くことができます。「お金持ちになりたい」にも「何のために？」とも聞ける。でも、「幸福になりたい」には、「何のために？」とは聞けないでしょう。

「幸福だと人に思われたいから」というふうな答えにはなりませんね。「幸福になりたいから幸福になる」わけです。

「幸福になりたい」という願望は、人々の、万人共通の願いです。それ以上は、問いとしてさかのぼれない。究極の目的だからです。

「幸福に生きたい」が究極の目的だということは、「よく生きるということは究極の目的だ」ということです。

「幸福になるのは何のため？」と問う必要はない。よく生きるとか、幸福になることは、目的がその中に入っているから、「幸福に生きつつ、幸福に生きてしまっている」。「よく生きつつあるし、よく生きてしまっている」。そうなります。

ここからわかることは、幸福というのはすごく遠くの目標ではないということです。はるか遠くの目指すべき理想の目標ではなくて、「いまをよく生きること」が「幸福」になる。少年も、青年も、壮年も、老年も、男も女も、これは同じです。

だから日常、毎日をよく生きれば、毎日幸福に生きることになるわけですね。

そして、私たちには毎日いろいろな出来事が起こります。その出来事に対してどう対応するのか。そこに哲学が関わってくるわけです。

友人のこと、お金のこと、貧しいこと、家族のこと……そういった生きるうえでのさまざまなこと、私たちに関わることがすべて、よく生きるということにつながっているのです。

## 悪を知る意味とは

では、よりよく生きるための悪、というものはあるのでしょうか。聖人君子とは対極の悪の生き方。これをどう考えるか。悪や悪徳という言葉に、いわくいいがたい魅力を感じる人も多いでしょう。

「悪とは何か」というのは、哲学の一大テーマとしてずっとありました。でも、悪というテーマは、哲学的には非常に難しい。なぜ悪というものがあるのか。それがなぜ必要なのか。こういう話になると、一筋縄(ひとすじなわ)ではいかない難しい話になってきます。

たしかに、悪には意味があります。悪を知ることにも意味がある。よいことと対比的に、必ず、こういうのが悪徳だ、というものが出てきます。

「よいことを知る」ということと「悪を知る」ということは、セットになっているといえます。悪が何かを知らないと、よいこともわからない。だから、悪を知るということは意味が出てきます。

## よいことを選ぶつもりで悪を選んでしまう

たとえば、殺人を犯した人がいる。しかし、そうしたのはなぜか。「よい」と思ったから殺したのでしょう。どこまで意識的に選んでいるかはわかりませんが、AをやらずにBをやるのは、Bのほうが自分にとってより「よい」と考えているからでしょう。どこかで判断と選択をしているのです。

一見すると悪を選んだように見える行為であっても、人は基本的に「よいもの」、すなわち「幸福」を求めて行動し生きている、ということになります。

この場合、自分が人を殺めても、自分のこの生活を守るほうがよりよい。誤ってそう考えているのかもしれません。

そこには、古代ギリシア時代から考えられている哲学的な問題があります。「人は本当に自分が『よい』と思ったものを選んでいるのか」というものです。

プラトンは二つの見方を書いています。

①たとえ誤りであろうとも、本当にそれが「自分にとってよい」ことだと思って選んだ場合
②そうではなくて、やっぱり快楽などに負け、それに支配されて選んでしまった場合

悪を選んでしまったときの「よい」には、このどちらもあるのではないか。

ソクラテスの基本的な考え方は、①の自分がよいと思っているから選んだ、というものです。それで失敗したとすれば、考え違い、いわば計算違いをしていたことになります。プラトンは、ある時期から、②のように異なるケースがあると考えました。

自分の中には、合理的にものを考える部分と、そうではない部分がある。

そうでない部分とは何か。たとえば、欲望的な部分です。

金銭欲を満たしたいとか、うまいものを食べたいとか、性的な快楽を満たしたいとか。あ

るいは激情的な部分もある。戦いたいとか、スポーツで競って人に勝ちたいとか、征服したいとか、そういう気概的なものです。

人間の中にはこうしたいろいろな部分がある。魂の中で、欲望的な部分や激情的な部分に合理的な部分が呑み込まれてしまって、悪を為してしまうのです。「よい」ことといっても、知的によいこともあれば、欲望的によいこと、激情的によいこともあるからです。

プラトンは、こういうより複雑な、階層的な魂の構造を考え、「よい」ことを分析していきます。

## 世界は「よい」でできている

プラトンの考え方でいくと、自分の心や魂を「よいもの」として秩序づけることと、世界、宇宙を「よいもの」として秩序づける原理は共通している、ということになります。

世界自体が「よい」ということによって形づくられている。プラトンはそう考えます。

「よい」というものの元をたどっていくと、自分が「よく生きる」ということにつながる。

では、「よく生きる」とは、「よい」とはいったい何なのか。それを探究する。

また、「よい」を構成するものは何か、そこにいたるプロセス、哲学的なトレーニング方法も考える。

こうして自分の心や魂という小さなレベルから探究していく「よい」が、最終的には宇宙全体を支配している大きな秩序につながっていく。ミクロコスモス（小宇宙）である人間とマクロコスモス（大宇宙）は同じ原理で動いている、という世界観なのです。

そして、そうした原理を解明することを、最終的にわれわれが目指す目標として掲げているのではないかと思います。

## 2 「答えを知る」から「問いを考える」へ

### 「十人十色」を超える見方を求める

哲学は、ものの見方ということもできるでしょう。１００人いたら１００人それぞれの見方があっていい。そういう相対的な言い方もできますが、それでは現実社会はよくおさまりません。

それぞれの見方がぶつかり合い、互いに議論し合って、より真実な、より包括的な理論や見方をつくっていく。そういうことが必要です。そして、それが哲学の対話につながっていくのです。プラトンはそれを求めました。

真理を求めることは悪くありません。ただ、独断で自分の考えが真実だと思ってしまうのは間違いです。だから、互いに意見をぶつけ合い、一緒に真理を探しましょう。そのために対話をしましょう。

これがプラトンの書いた、たくさんの「対話篇（へん）」の姿勢です。

## 自分の考えを書かないプラトン

プラトンの哲学的思索の特徴は、「対話篇」というスタイルにあります。そこには「私はこう思う」という文章はありません。プラトンは、これが私の哲学だとか、私の意見はこうだとはいいません。登場人物が対話し、議論をするだけです。

これまで述べてきた魂などの話も、教説ではありません。ドグマ（教義）ではないのです。魂は自分で自分を動かす自律的な存在だなどの話も、議論の中で「こうも考えられる」という形で出てくるだけ。それが本当にプラトン自身の立場かどうかは、わからないのです。どこにも、これが真実だとは書いていない。自分の説としては語っていない。そこが、ある意味でおもしろいところなのです。読み手がその中で考える解釈の幅が、とても広い。これはいったい何がいいたいのか。何をここでいおうとしているのか。それを考える楽しみが大きいのです。

ここでこういわれているけれど、これは、本当はプラトンの立場ではない。そういうふうに解釈することもできるわけです。たとえソクラテスが語った言葉だとしても、それを肯定（こうてい）しているとはかぎらない。どのようにでも解釈できます。

プラトン自身は、それを求めているのです。教えているのではなく、読み手と対話しているのです。だから、自分の教説を信じなさいというふうには書かない。哲学はそういうものではないと思っているからです。

イデアと呼ばれる真実の存在を知る道を一緒にたどるように、人々の知の働きを刺激しているわけです。

哲学というのは、探究のプロセスに価値がある。対話の中に答えがあったとしても、つねに暫定（ざんてい）的な答えでしかない。それも「本当かね？」とクエスチョンをつけられてしまう。読んだ人はそこから探究をはじめなければならないわけです。自分で問いを引き継いでいく。「これはおもしろい！」と思って探究をはじめるときに、その人の哲学がはじまっていくという考え方です。

たとえば先述したプラトンの『饗宴』では、ある登場人物がエロスや美について話をすると、今度は別の人が自分の考えを長い物語で語る。次々と人が入れ替わって、それがつながっていきます。10人いれば、10の立場、10のエピソードが展開します。

この展開のバリエーションと話の深度が変わっていくところに、おもしろさとスリルがあります。次々と、「いや、自分の考えるエロスというのは、こんなものだよ」という形を繰り出して、互いに相手のそれまでの議論を乗り越えようとしていきます。

そういった物語で出された論点が、その後の対話で議論される形で回収されていくおもしろさがあるのです。つながっていった最後に、プラトンの本当の考えが出てくるかというと、そうではありません。対話そのもの、プロセスそのものが、知の探究の物語だからです。

## プラトンの本は後世の読者への〝余興〟

プラトンにとって本当の哲学というものは、書かれるものではない。考えるとはいったい何なのか、考える原点は何かというと、「自分の中で考える対話」です。「自分でする自分との対話」。これをベースに考える。それが思考の原型だという考えです。

自分の魂の中で考えていた対話を基礎として、他人と議論する過程で自分の考えを出していきます。相手と意見を闘わせて、自分の考えが間違っていたとか、正しいとか判断して議論を深めていきます。

そういう対話はもちろんする。しかし、そのいちばんベースになるものは、自分の中での対話です。プラトンにとっての哲学は、そこに原点があります。そうであれば、原点である自分との対話をより活性化させるものがほしいところです。

プラトンは、著作がそれだと考えた。

書かれたものに向かって、「これ、どういう意味？」と聞いても、答えてくれません。新たな状況になったときに、「この状況ではどう思うの？」といっても、答えはない。そこからは自分で考えるしかないのです。

同じように何かを考えていく人が探究するときの手がかりとして書き残しているのであって、ある意味、〝余興〟として書いている。プラトンは、著作というものをそういうものと考えていました。

対話する相手と一生懸命、ある物事をテーマに考えて議論して、あれやこれやといろいろな意見を出す。その哲学的な議論のほうが本当の議論であって、本当の哲学。自分の中でやる対話、思考のやりとりが哲学なのだ。その流れを書くことはできても、本質を書くことはできない。

でも、同じように探究をする人たちが後に出てくるでしょう。そういう人たちが探究するときに役に立ててほしいと思って、覚書として残しておくよ、一つの遊びとして書いているんだよ、とプラトンは書いています。

## 教義・定義を学ぶ哲学、問いを学ぶ哲学

そこからずっと時代が下って、カントなどの時代になると、もうギリシア哲学とは違います。カントをはじめ後代の哲学者はもう対話篇は書きません。カントの『純粋理性批判』などでは、「悟性とは〜」「アプリオリ（先天的）とは〜」と概念や認識の定義が精緻な思考によって展開されていきます。

学校の倫理の教科でプラトンを習うと、それと同じように、「イデア論とは〜」とその定義が書かれています。しかし、それはプラトンの書いている物語や対話篇の中のある一文を、あたかもプラトンの教義であるかのように、教科書的にまとめたものにすぎないのです。

プラトンはそんな形では書いていません。定義づけたりもしません。「自分の考えは、間違っているかもしれないけれど、自分はこう思う。あなたはどうか？」と問いかけ、対話し、探究を進めていくだけです。

だから読む側もプラトンの定義や答えを知るために読むのではなく、一緒になって考えるために読む。本当は、哲学はそういうものであるはずなのです。それをあとの人たちがどんどん難しくしていってしまった。

本来は身近にあることを、「あなたはどう思う？」と同じ立ち位置で対話するものが哲学の著作だったのですが、そこからはるか遠い、高いところにいってしまい、気軽に手が出し

にくくなってしまいました。もう困ったことです。

哲学は、答えを教えてもらうのではなく、問いを学ぶものです。問いの立て方を学ぶもの。問いの立て方といっても難しいことではありません。読んでいて「あれ？　何ここ？」と引っかかるところがあったら、それが「あなたの問い」なのです。

## イデア論──椅子のイデアを分けもつ写しが「椅子」

プラトンは、現実的なこともたくさん考えています。第3章でインフォームドコンセントの話をしましたが、病気の治療についてはそういったことも考える。でも、そうした具体的なことを考えるにあたっては、永遠の相の下での「変わらない真実の世界」というものをベースにする。

何かと比較することで、現実の正しさやおかしさがわかります。そうしたときに「イデア」、すなわち真実の世界がベースになります。

イデアとは、ギリシア語のごく普通の日常用語で、「姿」「形」を意味します。

私たちはいろいろなものや性質を、まずは感覚でとらえますね。たとえば、椅子を見るとします。さまざまな形や姿をした椅子があるでしょう。4本脚だったり、3本脚だったり、1本脚もあれば、脚のない椅子もあります。流行によっていろいろな材質で、異なる機能をそなえた椅子が存在します。

本当にいろいろな種類の椅子がありますが、では、それぞれ見た目や形、材質が違うものなのに、何が「これは椅子だ」と認識させるのでしょうか？　いったい何が椅子を「これは机だ」「これは枕だ」ではなく、「これは椅子だ」とするのでしょうか？

そう問いかけられたときには、感覚ではなく、知性を働かせることになりますね。

そもそも椅子とは何か？　その問いに対して、「椅子とはまさに○○のもの」として答えられるものを、プラトンは「椅子のイデア」と呼んだのです。

それぞれのものに、「まさに○○である」ものがあり、それは感覚ではなく、知性でとらえることができる。それは肉体の目でとらえられたものではなく、魂の目で見られたそれぞれの真実の姿・形。それがイデアなのです。

「いや、それは椅子のイデアなどではなくて、椅子の定義でしょ」とすぐに疑問をもつ方がいるでしょう。イデア＝定義だとして、イデア論を批判する哲学者もたくさんいました。

しかし、プラトンの考える椅子のイデアは、個々の椅子が椅子になるための原因や根拠（こんきょ）にもなるという点が、たんなる定義との大きな違いです。

われわれが座ることができる椅子は、じつは椅子のイデアを分けもつ、その写しなのです。

椅子のイデアを分けもつことによって、目の前の椅子は存在しているのです。

そんなのは妙な見方だ、と思われるかもしれません。現に目の前に椅子が存在しているのですから。

そんなイデアなんてあるものか、と思う人々との論争が、２０００年以上にわたって、いまもつづいています。そんな長い年月をかけても立証されていない理論ともいえますが、逆に、「それだけ議論されても、否定しきれない世界の見方だ」ともいえます。


すべての椅子を椅子としてあらしめるような規範や原因となる「椅子そのもの」は、肉体の目には見えないし、感覚ではとらえられない。それは過去の椅子だけではなく、将来つくられるどのような椅子に対しても、椅子として判別する規範であり原因です。時代ごとに考えられる理想でもありません。

その意味で、その規範は、時代がいくら経っても変わることも、揺らぐこともないものですから、永遠だともいえます。

永遠に変わらない、知的にしかとらえられないイデアの世界を理解し、指針としないかぎり、現実の世界で正しい行動はとれない。ゴチャゴチャして複雑な現実世界をきちっと見きわめ、正しい行動をとることはできないでしょう、というのがプラトンの基本的な考え方です。

複雑怪奇な現実世界を理解するには、真の秩序ある世界、理論的な世界の姿を知る必要があるのです。

そういう真理、基本がないところでは、現実に対処するための何ものも成り立たない。それがプラトンの哲学であり、具体的な現実観察から出発するアリストテレスの哲学とはちょっと違うところです。

## 失恋からはじまった哲学への道

私が哲学をやろうと思ったのは、どうしてでしょう。10代のときには、わりと文学少年だったと思います。映画も好きだったので、将来、映画監督になりたいと思った時期もありました。

フェリーニとか、１９５０年代あたりのイタリア映画が好きで、けっこうたくさん見ていました。高校時代には自分で8ミリ映画をつくっていたこともあります。物書きになるか、映画監督かぐらいが、10代の頃のぼんやりとした夢でした。

高校時代ですが、観念的な失恋をしたことがあって、人生、生きるべきか、死ぬべきかで悩みました。揺れ動く自分が、本当に人を愛したり、信じたりすることができるのか。自分のなかに確かなものが何もないように思いました。生き方の指針を学ぼうと、大学の文学部に入って哲学でもやろうかと思ったのです。

大学に入って実際に哲学をかじってみたら、あまりおもしろそうではない。というより、大学の哲学は本当におもしろくありませんでした。大学をやめようかと思った時期もあります。勉強もせず、大学にも行かずに、鬱々（うつうつ）とする時期がありました。

ただ、大学には、古代哲学を教えておられた藤沢令夫（ふじさわのりお）先生がおられました。藤沢先生は古代ギリシア哲学、プラトンの専門家で、日本の第一人者です。藤沢先生の書いている文章が非常によかった。それで、この先生の下でもう一回勉強してみようかなと思いました。あらためてギリシア語からはじめてみよう、と。

時間的にだいぶ回り道をして、哲学の勉強を再開しました。最初はギリシア哲学で終わるつもりはなかったのですが、はじめてみたら、なかなかそこから抜け出せない。

ギリシア哲学は、哲学のいちばん基礎、はじまりです。ギリシアの格言に「はじめは全体の半分である」という言葉があります。はじまりは全体の半分ぐらいの重みをもつ。重要だという意味です。

事業でもプロジェクトでも、はじめるまでの準備がとてもたいへんで、はじめをおろそかにすれば、あとでいくら修正しても結局うまくいかないことが多いですね。それだけものごとのはじまりは大切です。

やはり古代ギリシアの哲学を理解しないと、その後の哲学はたぶん理解できないだろうなと思いました。いろいろなことを近代の哲学者がいっているけれども、基本はギリシアにあることがわかった。

哲学というとドイツのイメージが強いですが、ドイツのいろいろな哲学者、ヘーゲルにしろ、カントにしろ、みんな古代のギリシア哲学を読んでどう考えたか、どう解釈したかがベースになっています。ハイデガーだって、やっているのは古代ギリシア哲学の注釈です。

フランスでも同じ。フーコーなどもそうです。みんな基本的には、古代の哲学をどう考えて新しく読み直すか、ということをやっているのです。

ならば、近現代の哲学をやるよりも古代をやったほうがいい。中世の哲学は、キリスト教が入ってきていて、少し違った学者っぽい議論をたくさんしています。ちょっとこれは遠慮しておこうと、そちらには行きませんでした。

そうすると、古代だけで終わってしまった。古代といっても、1000年ぐらいの歴史があるので、全部カバーしようと思うとちょっと大変です。ドイツ哲学とかフランス哲学をやっている人は、楽でいいなと思います（怒られるかな）。

はじめはプラトンから入りました。先生がプラトンの専門家だったのでプラトンからはじめた。その後いろいろな哲学者を研究しました。アリストテレス、プルタルコス、キケロ、ルクレティウス……、それよりも前の人も、ソクラテス以前の哲学者も訳しています。みんなちょこちょこですが。

## プラトン型OSで現代を見る

やっぱり哲学者としてはプラトンがいちばんだと思います。私たちの世界理解において、いまでも考えられる最高の知のモデルだと思うのです。

プラトンは、いろいろなことに関して、知のモデルをたくさんもっている。だから、プラトン哲学がいちばんおもしろい。

この現実世界では、どんなことに関しても、答えは一つではなく、さまざまな考え方があります。ある一つの事象・出来事に対しても、いろいろな見方や情報が出てきます。そういったとき、「ここで拠(よ)って立つ基本とは何か」がまず大事になります。

考える姿勢、といい換えることもできますが、それはやっぱり哲学からいちばん学んでいる気がするのです。

たとえば、神をどうやって理解するのかということも、哲学の問題として出てくるわけです。いったい何を神とするのか、どういうふうな神理解をもつのかということを、哲学的に考察する。そういった場合に、プラトン哲学が力をもちます。

プラトンが考える世界の見方で考えると、どうなるのか。それが私自身の中でいちばんしっくりくるスタンスです。それは、何をよいこととして生きるのかというベースになるものです。

哲学は、パソコンでいうと、ウィンドウズやマックなどのOS（オペレーティング・システム）みたいなもの、というとイメージしやすいでしょうか。パソコンではいろいろなソフトが立ち上がっていますが、それらを支えているOSはプラトン型ですよ、ということです。

私自身は、アリストテレス型じゃなくて、プラトン型のOSを使っているといえます。

私たちが生きている現代世界とプラトンが生きていた世界は2500年ぐらいも違っているので、生きる現実というのがものすごく違うわけです。

違うけれども、それはソフトの違いとしてとらえることができる。基本的には、私自身は、プラトン型の知的モデルで世界を考えている。それによって生きる指針が形成できている。

そんなふうに、プラトン哲学は現代でも使えるように思うのです。

## 大学の哲学がおもしろくなかったわけ

ただ、大学で最初に哲学を学んだときは、本当におもしろくなかった。若いときは、これが真理だというものを求めて、哲学の勉強をはじめます。ところが、大学では全然違うことをやらされる。それでだいたい挫折してしまいます。

哲学をやろうと思って意気込んで行ったら、難しそうな顔をして、みんなコソコソとテキストを小声で読んでいる。「こいつらは何をやってるんだ」などと思ったものです。わずか数行のテキストを読むのに１時間も２時間もかけている。いろいろな注釈書をちまちまと読んでいるからです。

ギリシア哲学は、たいへん文献学的です。文章の中身を考える前に、まず古代ギリシア語を翻訳しますが、ギリシア語の写本のここには本当は何と書かれているのか、とテキストを確定するところからはじまることもしばしばあります。

いろいろな注釈をした人が２０００年ぐらいのあいだにたくさんいるのです。それを調べて、みんなで、この人はこういっている、ああいっているという話からはじまるわけです。

想像していた真理の探究とはほど遠い雰囲気に、「なんでこんな世界に入ってしまったんだ。こんなのは違う」と思ってしまいました。

## 「哲学は50歳から」と語ったプラトン

昨今は何度目かの教養ブームのようです。日々洪水のようにあふれている情報を得るだけではだめで、これからの厳しい時代を生き抜くには古典や芸術などの教養が必要だ、といわれます。哲学でも、「イデアとは」「ミュートスとは」といったキーワードや学説のポイントを簡潔にまとめて読めるものがよく売れているようです。

若い人なら大学で哲学の授業を受けたりしたときに、パッと専門的な言葉をいわれてもわからず、困ったことがあるのかもしれません。そういう話が出てきたときに、全然何も知らないと恥ずかしいし、賢くなりたいという思いは若いときほど強いので、手っ取り早く身につくインスタントな知識がほしくなるのでしょう。

あるいは「おまえ、こんなことも知らないのか」といわれないよう、知識としてひと通り押さえておきたい。そういう知的武装の面もありそうです。

ただ、知らないよりマシかもしれませんが、知っていることと理解することは別のことです。インスタントな知識でわかった気になっても、それを真に自分のものとできるのか。

先ほど哲学は問いの立て方を学ぶもの、と述べましたが、解説本に書かれている知識を読んでも、問いはなかなか生まれてこないと思います。

実際、哲学は解説本よりも、その哲学者自身が書いた本を読んだほうがいいと私は思います。プラトンでいうなら、

・告発されたソクラテスが法廷で弁明する姿を描いた『ソクラテスの弁明』
・脱獄をすすめる老友クリトンとの対話『クリトン』
・徳とは何かを述べた『メノン』
・魂の不死についての対話とソクラテスの最期の姿を描いた『パイドン』

などは、どれも薄い対話篇の本ですから、手軽に読めるでしょう。

正しい生き方や理想の国家のあり方を示した『国家』は、プラトンの中で最も重要でいちばんよく読まれているものです。藤沢先生が翻訳したいい訳書の本がありますが、最初に読むにはちょっと長いですね。

プラトンは、50歳以降でないと哲学はできない、といっています。哲学をやるには遅咲きがいいといっているのです。まずは薄い本から試しに読んでみる。

人生五十年ではありませんが、いろいろなことを経験した方なら、思うことや感じることが何かしらあるはずです。若い頃読んだきり、という方なら別の感想をもつかもしれません。反発でもいいのです。

いくつになっても、そこから自分自身の問いが生まれるのではないでしょうか。

# 3　現実世界に哲学を活かす

## なぜ哲人王が理想なのか

第3章で紹介したキュニコス派のディオゲネス。彼と、大帝国を築いたマケドニア王国のアレクサンドロス大王との有名な問答があります。樽の中に住み、犬のように自由に暮らすディオゲネスに興味をもったアレクサンドロス大王が、彼を見にきました。

大勢の供を引き連れたアレクサンドロス大王が「何かしてもらいたいことはあるか」と聞くと、ひなたぼっこをしていたディオゲネスは「ちょっとどいてくれ、日陰になるから」と返した。

この返事にいたく感じ入ったアレクサンドロス大王は、「もし余がアレクサンドロスでなければ、ディオゲネスになりたい」と語ったというものです。

絶対的な権力者アレクサンドロス大王は、みすぼらしい身なりの哲学者ディオゲネスが、自分よりも自由で幸せそうに生きていることがうらやましかったのでしょうか。

アレクサンドロス大王にあって、ディオゲネスにないもの、それは権力です。反対にディオゲネスにあってアレクサンドロス大王にないもの、それは哲学的叡智(えいち)です。

そして、その権力と哲学的叡智の両方をあわせもっているのが哲人王。プラトンは哲人王による政治、哲人統治を理想としました。

政治は権力好きな人間がやってはいけない。徳をもつすぐれたリーダーが正義にもとづいて国家を運営しなければ、国民は安寧(あんねい)を得られません。

国を統治するのは、本人はやりたくないのだが仕方なしにやらされる、というくらいがちょうどいい。三度の飯より政治が好きで、思うままに国や人を動かしたいという人間にやらせたらダメだ。プラトンの哲学はそういう立場でした。

人々が本当に幸福になるために生きたいと思っても、その共同体の統治のあり方がよくないとやはりうまく生きられません。これは事実なので、哲学者の中には、なんとか共同体のあり方、政治のやり方をよりよくしたいという気持ちがあります。

## 法の理念をつくるのは哲学

そのため、プラトンはアカデメイアをつくりました。アカデメイアでは何をやっていたか。

各地から有望な青年を集めて哲学の勉強をさせました。プラトンは哲人王や哲学を知った政治家となる人材を、学校教育によってつくろうとしていたのです。

彼らは、郷里にもどると立法者になりました。ポリスの法律をつくったり、いわゆる政治支配者になっていく。

哲学は、政治をする人間にとって基本的に必要なものとして考えられていたのです。

ギリシア世界では、自分たちの国家であるポリスをつくる場合、まずポリスの掟としての法律をつくります。ポリスが法治国家としてあることが大切です。そのため、法というものをどんな理念でつくるかが、非常に重要なことになります。

興味深いことに、プラトンは『法律』で、法律に前文をつける提案をしています。それぞれの法律には前文がつけられる。それは法律を権力の威嚇によって人々に強制するのではなく、前文で法律の目的や趣旨を説明し、合意のうえで取り決めにしたがうように、説得と勧告を与えるものです。

前文を書き加えることで、法律を奴隷のように守るのではなく、十分その意義を認識して、自由人として法律を守ることを求めている。

日本国憲法には、大日本帝国憲法にはなかった憲法前文が加えられましたが、それはプラトンの『法律』に端を発しているのです。

法は多岐にわたっています。プラトンの『法律』は、国家の具体的な法律を述べた分厚い本ですが、国家機構、役人の選定、教育、市場、軍事訓練などの大きな話から、家庭、新婚生活の心得、果実の収穫、灌漑をどうするか、どういうふうに庭園の配置をするか、神殿の社をどういう環境でつくるか等々、さまざまなレベルの法が述べられています。

農業用水を汚染してはいけないといった、いまでいう環境問題やエコロジーについても書かれています。ユニークなのは教育刑という考え方でしょう。罰を与えてその恐怖で悪い行動を止めようとするのでなく、教育によって人間をいい方向へ変えていく。いわゆる更生の考え方です。

## 徹底したチェック・アンド・バランス

プラトンの考えた法律には、現代にも通じる思想、いえ、むしろ現代日本をしのぐような思想や制度がいろいろとあります。

民主制におけるチェック・アンド・バランスのシステムについても、『法律』は展開しています。不正が起こらないように、間違いが起こらないように、いろいろな人がチェックする仕組みをつくる。この人は別のこの係の人がチェックして、その人はまた別の人がチェックする、という相互チェックシステムです。

選挙で要職に選ばれた人については、任命する前に必ず資格審査を義務づけています。どこかの国のように、要職に就いた人物のスキャンダルが後から次々と発覚して、辞任に追い込まれるということもなくなりますね。

また、資格審査だけではなく、いかなる役人も、職務の終わりに執務審査を受けることが定められています。たとえば、管理下にある人々に対して、不正な労役を課したり、農業の収穫物を横取りしたり、賄賂を受け取ったりしていないか、監査を義務づけています。権力者が、甘い汁を吸うのを許さない仕組みです。

逆に、役人を選ぶ選挙に参加しない市民には罰金を定めています。選挙への参加は、公共の義務であるという考え方です。

裁判所についても考えられています。

一審制ではなく、ちゃんと二審、三審といったものがあり、それぞれの裁判所の役割が決まっています。慎重を期す制度になっているのです。裁判官の任期やどういう形で選ぶかも決まっていて、それをチェックする人もいます。必ず監査を置いていますから、日本よりもたしかに民主的な世界です。

法治国家なら、ここまでやらないと民主制はうまく機能しない、とプラトンは考え、述べているのですね。現在の日本に欠けている法律は、ぜひ見習いたいものです。

　このプラトンが書いた法律が、すべて実現したかどうかはわかりません。でも、法律の基本的なチェック機能をきちっと書いている点から、その後のローマ法にも影響を与えたのではないかと思います。

## 老人と若者の特性を活かす「夜明け前の会議」

　プラトンが『法律』の中で考えた、ある政治システムがあります。

　夜明け前に、年長の為政者、トップの役人たちが集まってきて会議を開きます。国家の最高会議で、どうやってこの国を治めていくか、いろいろと話をするわけです。今日の状況を考えて、こういう政策を打たないといけない、などと議論する。

　そのとき、高齢の為政者たちは必ず若い人を連れてきます。これは、と見込みのある若者を各人が一人だけ連れてくる。それにはどういう意味があるのか。

　若い人たちがもっている情報収集能力を活かす。さらに若い人たちの政治教育をする。この二つの意味があります。

　若い人たちのアンテナは、やはり高齢者と違って感度がいい。そういう情報を国政に反映させることが必要です。一方、年長の政治家には経験知や大局観があります。それを実践政治の場で若い人に伝えて教育していく。ひいては後継者をつくっていく。そのために、プラトンはこういう会議を考えたのです。

老人ばかりで会議をやるのはよろしくない。入ってくるニュースや情報も限られてしまいますし、経験は馴れ合いに転化しやすく、前例踏襲主義になりがちです。そこに若い人たちが加われば、違う世界が見え、違う見方も生まれるでしょう。

若い人と高齢者の長所と短所をうまく組み合わせ、反映させるシステムとして、夜明け前の会議を提唱しているのです。じつにうまい仕組みだと思います。

プラトンは、物事のネガティブな面とポジティブな面の両面を必ず見ています。そして両方をうまく組み合わせて、チェック・アンド・バランスをきかせるのです。

夜明け前の会議では、必ず若い人を連れてこなければいけない。自分の推薦する若い人、これだというやつを連れてこいと、義務づけられています。

高齢者が若い人を支配するのではなく、むしろ育てていく。老人のほうが、若者の手本にならなければいけないし、若者の情報力に敬意を抱く必要もあります。

**「近頃のわれわれ年をとった者は……」**

後代のキケロもプルタルコスも、若い人の教育を重要と考えていました。二人ともプラトン主義者なので、高齢になったら人はでしゃばってはいけないという。老人は若い人が失敗したときには、勇気づけなさい、落ち込んでいる若者の気持ちを引き上げてあげるようなことをもっとしなさい、といっています。

年をとると、どうも人は「近頃の若者は……」といいがちです。でもプラトンはこんなふうに書いています。

「われわれは若者たちが恥知らずな振る舞いをするときに、これをたしなめることによって、この（慎みの心の）遺産を渡そうと考える。しかしそれは、『若者はすべての人に対して恥を知る心をもつべきだ』というような、今日、若者たちに向かってなされるお説教からは生まれてこない。思慮ある立法者なら、むしろ、老人に向かって、若者に対して恥を知れと戒めるであろう。とりわけ、自分が何か恥ずべきことをおこなったり口にしたりするのを、誰か若者に見られたり聞かれたりすることのないように注意させるだろう。老人が恥知らずな振る舞いにおよぶところでは、若者たちも恥知らずであるのは当然なのだ」

（プラトン『法律』）

「すぐれた教育は、説教することではなく、他人に説教して聞かせることをみずからが生

涯を通じて実践してみせることだ」（前掲書）

「近頃の若者は……」と愚痴をいいたくなったら、「近頃のわれわれ年をとった者は……」と自分のことをまず反省すべきなのですね。

## 洞窟の中と外

心理学者のユングは、人生の正午は40歳だといいました。午前中は日が昇り、正午に太陽が頭上を通過し、午後は日が落ちていきます。正午を境に、上昇する世界から下降する世界へと転換する。

人生もそれと同じこと。正午を境に、上り坂から下り坂へとあり方が変わるのです。

そのように変化する人生には、その年代ごとに必要なことがあると思います。プラトンも年代ごとの教育プログラムを示しています。

幼児期は読み書きや体育を学ぶ。20代ぐらいでは学問としての哲学、論理学、数学などを学ぶ。さらに、哲学問答や弁論術など言語的な訓練をした後で、政治の世界も含めた実地体験、実務的な仕事をさせる。「洞窟の中に入って、洞窟の中のいろいろな世界に揉まれてこい」と送り出されていく。

そこでの体験を積んで、ようやく世のための真の哲学議論がはじまるのは50歳からです。それまでは、洞窟の中で実務的な仕事をします。そういったプログラムなのです。

ここで、プラトンの「洞窟の比喩（ひゆ）」が出てきました。洞窟とはイデア界を説明するための有名な比喩で、こんなイメージです。

この世界、私たちがいる世界とは、じつは洞窟の中にある。そして私たちは、そこで身体を縛（しば）られている囚人（しゅうじん）です。

私たちは身体を縛られて、洞窟の奥の壁（かべ）のほうを向いている。壁には人やら動物やらの影絵のようなものが映し出される。その実体を動かしている部分は私たちからは見えないので、私たちは縛られたまま、動く影絵を見ているしかない。そして影が実体だと思いこんで見ている――。

これが私たちの現実世界、いま見ている「この世界」です。そこに哲学者が登場して、真実を伝えます。

この世界は実物ではない。洞窟の中にいて見ている影絵にすぎない。現実と思っているのはじつはハリボテの世界だ。洞窟の外に本当の世界がある。本当の世界とはイデア界、真実の世界であり、それを知ることが哲学の目的だ、というわけです。

## 現実世界に戻って奮闘する生き方

でも、プラトンはそこで終わりません。「本当の世界を知った後で、また洞窟に戻りなさい」というのです。

戻ってきたらどうなるか。外の明るい世界から急に暗い世界に入ると、ものがよく見えません。真実を伝えようとしても、「あいつ、頭がおかしくなったんじゃないか」と、逆に袋だたきに遭ったりします。

しかし、その時期を耐えてこそ、世界の実体とはどういうものかが、はっきりわかるようになってくる。そこではじめて哲学者は、他の人たちを縛りから解き放って、洞窟の外に連れていく――。これがプラトンの洞窟の比喩の全体像です。

それが哲学者に与えられた、この世の使命だということです。たんにイデア界を知って、「ああ、すばらしい」といっているだけでなく、現実世界に戻って、そこで人々と世の中を変えるべく奮闘することが重要なのです。

だから、プラトンのアカデメイアを出た学生たちは、各ポリスに行って、立法者になったり、為政者になったりする。この比喩は、そういった道筋をもあらわしているのです。

プラトンはまた、真実の世界に安住することを「幸福者の島」と皮肉っています。哲学者が自分だけイデアの世界を見て満足したら、幸福者の島の住人になってしまう。自分だけその島に安住してしまうのでは、本当の哲学にならない。

現実世界に戻って、その中で悪戦苦闘する。挫折も含めて、さまざまな体験をしながら、「よい生き方」というものを人に示していく。「よい生き方」を選んでいく姿をみずからが示す。それが哲学の社会的役割だというわけです。

これは、いつの時代でも、どんな分野でも通用する、ひとつの生き方の指針となっています。

## 哲人統治に挑み、挫折したプラトン

プラトン自身もこの哲学者の使命を実践しています。アカデメイアを開いて後進を育てただけでなく、みずからも理想の哲人統治を試みました。

シラクサは、いまでいうシチリア島南部のポリスです。プラトンは、シラクサのポリスから声をかけられ、うちで哲人統治を実現してくれと呼ばれました。そう頼まれて、都合２回も行っています。２回とも失敗して、２回目は奴隷に売り飛ばされる寸前までいって、命からがらアテナイに戻った。

最初に呼んでくれたのはディオンという人ですが、彼自身は王ではなく、王に近い人でした。プラトンが以前に旅行でシラクサを最初に訪問したときに知り合い、プラトンに深く傾倒していました。しかし、ディオンの改革は反発を買い、国外追放されて、失敗。

二度目はシラクサの王が招きます。でも王自身には、哲人王になろうなんて気持ちはあまりない。プラトンの名声を聞いて、そういう人に来てもらおうかと呼んだわけですが、実際に来てもらったら、哲学はやはり難しそうに感じるわけです。

だから、まじめにやらない。呼んだ手前、すぐ帰すわけにもいかないので、しばらくは宮廷に置くのですが、折にふれ哲人政治と改革を説くプラトンが目障り（めざわ）になってくる。

結果、プラトンは奴隷市で売りに出されてしまい、あわやというところで、たまたま知人が彼を買い取り、アテナイに戻してくれたというのです。じつはこの最後の話は、後代につくられた物語です。しかし、プラトンが命の危険にさらされたことは事実です。南イタリアのタラスの将軍で哲学者の友人アルキュタスの外交手腕で、かろうじて脱出できたのです。

学問だけしているのは本当の哲学者ではない、と思っていたであろうプラトン。しかし、みずからの理想の実現には挫折してしまいました。政治との距離のとり方が、この2度の失敗で変わったのかもしれません。

ただ、「幸福とはよく生きること」をまさに実践しようとしたのだと思います。

シチリア島は、多種多様な民族が征服した地です。ギリシアにはじまり、ローマ、ビザンツ帝国、アラブ人、ノルマン人、神聖ローマ帝国等々、いろいろな支配者が、とっかえひっかえ登場する複雑な歴史をもっています。いまでもマフィアがいますが、それくらいなんてことはない激動の島なのでしょう。

## プラトンは共産主義の元祖？

プラトンは理想の政治や国家を説いています。とはいえ、古代ギリシアにはたくさんの奴隷がいて、結局、奴隷制の上に成り立つ社会だったではないのか。そんなふうに思う方もいるかもしれませんね。

しかし、プラトンは、理想とする国家に奴隷制を認めているわけではないのです。

理想の国家は三つの階層に分けられます。国を統治する哲学者からなる「守護者」と、守護者を助けて国家を防衛する戦士からなる「補助者」と、「職人たち」です。

プラトンが考える国家の構成員は、大多数が農民や職人などのワーカー、労働者の階層です。これは市民であり、奴隷ではありません。それぞれの市民は、自分に最も適性のある仕事を一つ選んで働くという社会で、そこに奴隷はいません。

この点がアリストテレスと大きく異なる点です。

アリストテレスは「生まれつきの素質として奴隷の性格をもった者がいる」という考え方

をします。だから、のちにヨーロッパで奴隷を正当化する議論として使われてしまうのですね、アリストテレスは。

この違いはどこからくるのか。元をただすと、アリストテレスは身体のあり方から魂を規定するので、たとえば男性と女性の魂や徳は違う、というふうに男女を区別する形になるのです。

一方、プラトンは魂を基本として見るので、男女の区別は決定的ではないのです。だから哲人王だけでなく哲人女王もいるし、男性向きの仕事や女性向きの仕事とか、家事が女性に向いているなんて議論はナンセンス、といっている。

プラトンは現代から見ると、いい意味でラディカル、斬新（ざんしん）な思考の持ち主なのです。

プラトンの『国家』には、「大浪（おおなみ）」といわれる三つのパラドクスが書かれています。「第一の大浪」は、男女平等の職制と教育。哲人女王も必要だと書かれています。一ついて「第三の大浪」は、これまで見てきた哲人統治です。

そして「第二の大浪」。いわゆる国を守護する支配層になるグループについて、ある構想が示されます。哲学者のグループと戦士のグループがありますが、そこでは私有財産を否定します。

それだけではなく、女性と子どもを共有制にして、家族制度、私物的な家族制度も否定するのです。

そうなると、フリーセックスのような形になる。キリスト教的な一夫一婦制とか、そういうあり方に反する制度です。だから、違和感があるというか、後世からは荒唐無稽な話と受けとめられてしまいました。

第一の男女平等の職制も、同じように「おとぎ話だ」と一笑に付されていました。

しかし、プラトンの意図はそうではありません。社会にとっての不正はどこから生まれるか。それを問題として考え、一つの構想を提出したのです。第３章でふれたアリストパネスの『女の議会』、彼が、男の目線から女が支配する議会をおもしろおかしく描いたのとは根本的に違うのです。

いつの時代でも、支配層の親たちは、息子たち、娘たちに、自分たちがもつ莫大な財産を残してやりたいと考える。そこに不平等が生まれてくるのです。ならば、社会の不平等が発生しないように、私有財産を否定する。

さらにいえば、ある種の不正というのは、親が自分の子どもに対してよくしてやりたい、子孫に〝美田〟を残したいという思いから起こります。日本の政治家も、みんなそうでしょう。自分の政治ポストをまるで財産か家督のように、次の子どもたちに渡していく。世襲化しているわけです。ああいうことが、不平等社会や、不正を生み出す元になっている。

だから支配層に、「この子は自分の子ども」といわせないようにする。配偶者を決めず、生まれた子どもは「みんな自分の子ども」となるようにする。子どもたち全員が自分たちの子どもだったら、誰のものかという基準ではなく、もっとよい基準が生まれうるはずだ。最も優秀な子ども、最もすぐれた子ども、要するに、自分の欲望に乱されない、自分をきちんと節制できる、知的に高い徳のすぐれた人物を、後任として選ぶ。そういうことができるはずです。

もしも支配者層の中に出来の悪い子がいたら、下の階層に落とします。労働者階級に落として、その中でいいことをしたら、また上に引っ張り上げる。そういうシステムをつくりましょう、とプラトンは考えた。

とても斬新です。その社会での支配者が、ある意味いちばんワリを食う。私有財産もない、いい生活をしているわけでもない。それでいて、ポリスのために戦わなければいけないのですから。

この構想では、いちばん搾取されているのが哲人統治者かもしれない。そういう話になるわけです。でも、それが国家の正しいあり方で、統治をするならそういうことを考えないと本当はいけないのです。

## 反プラトン的世界が実現してしまった現代

この構想がいかにも共産主義的だといっても、それは国家の全体におよぶものではありません。いわゆる支配者層の部分についてだけなのです。そして、もう少し現実的な国家システムとして書いたのが『法律』です。

そこでは財産の階級を決めています。金持ちと貧乏人との格差は、最大でも4倍までにする。日本の所得再分配調査によると、五段階評価で最上位と最下位の所得格差は、１９６７年には約８倍でしたが、２００２年段階で１６８倍に広がったといいます。いまはさらに格差が広がっているでしょう。それではダメ。４倍までにする。これがプラトンの構想です。土地を借金で失ったりして貧窮した人たちには、土地を再配分していく形で、格差は基本的には4倍までに抑える。

だから、均一な平等ではありません。完全に均一な平等にしたら生産性がなくなってしまうので、ある程度の競争は認める。けれど、4倍までしか認めない、とするのです。

こうしたことが考えられた背景には、古代ギリシアにも格差問題が存在した、ということです。実際、プラトンより前の時代に、貧しい農民の借金帳消しなどをおこなった有名な

「ソロンの改革」もありました。

今日の世界では、ひと握りの富裕層が世界の富の多くを握っています。そういう世界は最も不正な社会であると、プラトンは考えました。

2000年以上たって、いま実現しているのはいったい何なのでしょう。まさに、「反プラトン的な世界」が実現しているわけです。

プラトンは、この構想をそのまま、具体的な政治の青写真として考えたわけでもないと思います。実現できるとは思わなかったかもしれない。ただ、現実の政治を考えたときに、最もよいプログラムというものはあるはずです。

それを考えておいて、そのプログラムに当てはめれば、修正するための指摘には使える。そういうような形で、たぶん書いているのだと思います。

## 時代がプラトンに追いついてきた

ここ数年で、セクシャルマイノリティー（性的少数者）、いわゆるＬＧＢＴＱへの関心が一気に広がりました。

セクシャルマイノリティーの人にはプラトンの考え方が人気のようですね。プラトンには性による差別という思考はありません。『饗宴』なんて、同性愛、少年愛の世界です。エロス、恋愛を論じていますが、その対象は美しい少年たち。おじさんとその恋人たちが集まって、楽しくそんな話に興じています。

もともとギリシア、ローマでは、少年愛が当たり前の世界です。古代ギリシアの場合には、女性は家にいて、自由に外に出られなかった。女性と知り合うきっかけが男性はたぶんなかったのだと思います。男だけの世界になると、やっぱり若い男の子がかわいいねとなったのでしょう。

日本でも、戦国時代にはお稚児さんがいて、戦場に連れていかれたわけです。かつては、そんなに不思議なことではなかったのかもしれません。昔のほうが、性に関してもっとおおらかだったのかもしれません。

いまは、日本は性による差別が多すぎます。日本の女性の地位は世界の最下位レベル。政治家もそうですが、経営者にしろ官僚のトップにしろ、女性の数はまだまだわずかなパーセントでしかない。なぜ、これほど女性の地位が低いのか。なぜ変わることができないのか。

２０００年以上前、女性が自由に家庭の外に出られなかった時代に、プラトンは女性の哲人統治者をつくらなければいけないと書きました。男女平等の職制というものを考えました。

どうしてそういう発想が生まれるのかといえば、やはり魂が思考の基本だからです。魂には、いろいろなタレントがあります。それぞれの魂に、男にも、女にも同じようにばらまかれている。

だから、ある女性は政治家に向いているという場合も出てくるでしょう。スポーツに向いている女性もいるでしょう。それぞれの与えられたタレントを活かす共同体のほうが絶対にいいという考え方です。

その当時の人たちには理解できなかったでしょうが、いまようやく時代がプラトンに追いついてきたのかもしれません。

# 第5章　哲学で手に入れる完熟の老い

# 1　徳を活かしてよく生きる

## ポジティブな老年を語るキケロ

ローマ時代に活躍したキケロは『老年について』の中で、プラトンの対話篇にならい、大カトー（ローマの将軍・政治家）が若者と老年について対話する形で、老いの考察を展開しています。

大カトーは84歳の設定。作品を書いたキケロは60歳くらいで、経験豊富な20年先輩に仮託して、自分の老年に対する理想を探っていくという構想です。

大カトーは老年がみじめなものと思われる理由として、次の四つを提示します。

（1）老年は公（おおやけ）の活動から遠ざける
（2）老年は肉体を弱くする
（3）老年は快楽を奪（うば）い去る
（4）老年は死が遠くない

一番目にきているのが公的活動なのは、政治家でもあったキケロならでは、でしょう。この執筆時期、キケロは政治的に不遇（ふぐう）な時期にあったからです。しかし、全篇を通して、大カトーはポジティブな理想の老年像を語っていきます。


「まことに、軽率無謀（むぼう）は若い盛りに、思慮深さは老いを重ねる中にある」

「また、若者のもつ体力を私がいま必要と思わないのは、若者だったときに牛や象の体力を必要と思わなかったのと同じだ。もち合わせている力を使えばよい。そして何をするにしても体力に応じてやればよいのだ」

「肉体だけではなく、精神と魂（たましい）にいっそう多くの世話をかけるのがふさわしい。（中略）肉体は訓練を重ねると疲労で鈍重になるのに対して、魂は訓練するほど軽やかになる」

「私はいま『起源論』第７巻を手がけている。（中略）また、ギリシア文学にも大いに打ちこんでいるし、ピタゴラス派のやり方にならって、記憶力の訓練のために、昼間に話したこと、聞いたこと、おこなったことを、夕方に思い起こすようにしている」

（キケロ『老年について』）


老いを受け入れる円熟した老年と、苦にして打ちのめされる老年とが区別して論じられ、その違いは若いときからの過ごし方にあるとされます。

「心静かで穏やかな老年は、静かで清く優雅におくった人生のたまもの」（前掲書）

まったく相反するような人生が、みな同じ老年を迎えることなど、あり得ない話です。よい生き方をしてきたか、こなかったか。その差が老年にあらわれるのです。

## 徳とは何か

よい生き方として、古代ギリシアでは「徳」が問題になります。それがいちばんのカギ。「アレテー」というのがギリシア語での徳ですが、それぞれのものがもちうる優秀性や卓越性のことで、もっているすぐれた能力を指すこともあります。日本語のいわゆる「人徳」のイメージとは異なります。そのアレテーを十全に活かして生きることが大切です。

徳は人間だけではなく、馬の徳もあります。馬のよさ、馬のアレテーがある。速く走れるとか、力が強いとか、人のいうことをよく聞くとか、そういった馬ならではのよさや優秀性があります。犬なら犬のアレテー、徳がある。

生きものだけではなく、何にでもあります。コップにもコップの徳がある。倫理的にコップが正しいかということではないのはもうおわかりですね。液体を入れやすく飲みやすいなど、コップとしてのよさ、卓越性のことです。

それぞれのもっている本質にしたがって徳があるのです。そして、プラトンは、徳とは何であるか、徳を知恵として知ろうとしました。

それぞれの徳、本質としての卓越性を知ることによってはじめて、そのよさを実現できるのです。農作物をつくるときに、リンゴならリンゴの卓越性、お米ならお米の卓越性を知っていれば、最もそれにふさわしい栽培方法、収穫方法を知ることができるでしょう。そうすれば、最もよいものを収穫することができる。

人間にとっての徳というのも、そういうものです。それぞれの徳、それぞれの人にとってのよさを実現する。靴づくりの職人としての徳といった場合には、その職業的な知識や技術になります。それぞれの徳が規定できると思います。

プラトンが重要な徳としてあげているのは、勇気や正義、節度（節制）などです。これらは抽象的な概念ですね。でも、実際にそれらが発揮される場というのは、特別なところではなく誰もが過ごす日常生活です。

日常生活の行動のなかで、節度という徳は、日々の生活の仕方にあらわれます。徳をもった市民としてふさわしい生活の仕方はどういうものか。徳のある人ならば家政はこうすべきだ、といった形で出てきます。

仕事についても規定しています。プラトンは仕事と徳の関係性について「専業の原則」ということをいっています。

一人一つの仕事をしなさい、自分の仕事で専門性を高めて、能力を深掘りしよう。先ほどの靴づくりの職人の例でいえば、履き心地のいい丈夫な靴をつくるということになります。専門的知識をもち、プロとしてきちんとした仕事をすることのすすめです。

徳というのは、いわば行為が結びついた概念です。「善人になっていいことをしなさい」というのではなく、能力を活かしてすぐれた仕事をする。お題目ではなく、「生活」がそこに入ってくることが大切なのです。

## 好き勝手に生きるのはよい生き方か?

自分の人生だから、自堕落(じだらく)でも放縦(ほうじゅう)でも好き勝手に生きていい、という考え方があります。これは、19世紀の哲学者ジョン・スチュアート・ミルが書いた『自由論』の話です。『自由論』には「他者危害の原則」というものがあり、個人の自由を制限したり侵害できるのは、他者へ危害を与えるときのみ。それ以外なら個人は何をしてもいい、というものです。

そこから、人には愚かなことをする権利、すなわち愚行権があると導かれます。

身近な例でいえば、お酒を飲みすぎたらダメだ、たばこを吸ったら肺に悪い、といいながら、国家は積極的な関与はしません。他人に危害をおよぼさないかぎり、身体によくないことをやって健康を害しても、自業自得だから放っておく。そういう意味で、人には愚行の自由が与えられています。そのような自由のない社会は息苦しく、生きづらいものです。

たしかにそれはそうなのですが、でも、「それが本当によい生き方ですか？　よく生きるということになるのですか？」という問いが生まれてくるのではないでしょうか。そんなことで、本当によい生き方ができるのかどうか。やはりちょっと違うのではないか。そういう思いが誰の中にもあるから、徳というものが重要になってくるのだと思います。

その人が、どれだけ身体的にすぐれたパワーをもっていたり、容姿が美しかったりしても、悪い心をもっていたり、邪悪な人間であれば、その人にとっても不幸ですし、まわりにとっても不幸な影響を与えるでしょう。これは、よい生き方にはなりません。

その人の本当のよさ、人間のよさはどこにあるのか。病気や障害の有無に関係なく、その人が、よい生き方をするような心や考え方をもっているほうが、その人にとっても幸せだろうし、まわりにとっても幸せでしょう。

誰もがよい生き方を求めている。では、その「よい」を探っていくと、最終的にその人をよくするのはいったい何なのか。お金だろうか。健康だろうか。これらのことも、私たちはよいもの、よい力とみなしていますね。

少し離れて考えてみると、それぞれのものを本当に「よく」使うのは何かといったら、使う能力です。よい力をよく使わなければ、せっかくのものも逆の効果をもってしまう。悪い形で使われてしまうことにもなりかねない。

こうして、よいということを求めていったときに、その人の心のよさ、魂のよさを考えていかざるをえない。よい心、よい魂をもっていれば、よい力をよく使うことができるからです。

これが、プラトンやソクラテスの考えです。そこを出発点にするのです。

よい生き方を突き詰めて考えていったら、その人の魂のよさにたどり着きます。心のよさ、精神のよさがいちばん重要。それが徳ということを考える基礎になっていると思います。

## よい生き方を導く徳——節度・正義・勇気・知恵

魂のよさとは何かといったときに、いくつかのことがらが考えられます。

自分の欲望を抑制でき、むやみに使ったりしない節制の力。不正なことをしない、正しいことを守る正義。不正に対して黙（だま）っていないで行動する勇気。そして、こういったものを支えるいちばん基礎になるのは、知恵です。本当にそれが正しいかどうか、それが本当に勇気ある行動かどうか。そういったことを考える知恵が基本になる。

そういうものを抜きにしては、本当によく生きることはできない。これが基本になります。たんに道徳的によいというのではなく、それぞれの性格においてすぐれていること。アレテー（徳）は卓越性とも訳されると先に述べたとおりです。

よい生き方というものがあって、そのよい生き方を実現するための魂のあり方を考えていった先に、節度、正義、勇気、知恵といった徳が浮かび上がってくるのです。

とはいえ、人間にとって必要な徳とは、この4種類の徳であるといえるかどうかは、じつは曖昧（あいまい）です。

プラトンは『メノン』という対話篇で、徳とは何かと語るソクラテスの姿を書いています。徳とは、いったい何だろうか。教えられるものなのだろうか、教えられないものなのだろうか、そこから議論がはじまります。

女にも徳があり、男にも徳があり、子どもには子どもの徳がありと、たくさんの徳が出てきます。そう答えた若者メノンに対して、ソクラテスは「いや、私が聞いているのはそうではなくて、そういったものを含めて徳といっているものは、いったい何なのだろうか？」とたずねますが、最終的に徳というのはこれですよ、という答えは出てこないわけです。四つの徳が最終的に一つの徳に集約されるかどうかもよくわからないので、議論になります。

## 人間は欲望に流されやすい存在だから

プラトンの場合、人にはいろいろな性格があって、生まれつきの素質や自然本性が違うことが前提になります。お茶目な部分があったり、気が弱かったりする。人はいろいろな個性をもっています。それを徳という一つの鋳型（いがた）に当てはめて、全部同じ人間にしてしまうわけではありません。それぞれに素質や自然本性というものがあるから、違っていいわけです。

違った仕方で、それぞれに合った生き方をする。自分の個性を伸ばす自由というものを認める。これがまず大前提になります。先ほどの「専業の原則」もこれがベースなのです。

そのうえで、ある人がものすごく欲望が強くて不正なことをするなら、その人がもっている個性や能力が悪く働いているということになります。個性を認めるだけではなく、好き勝手にしすぎないように、節度や正しさを身につける教育や訓練が必要です。

人は自然本性がいろいろ違うため、各自がいろいろな仕事をします。自分は肉体労働に向いている、自分は音楽に向いている。それぞれの仕事をすることで、それぞれの社会的な役割を果たしていく。家族の役割を果たしていく。

ただ、そこにはある程度の共通した魂のよさがないと、それぞれの個性が活きないのではないでしょうか。そういった徳をもたないと、社会的なよさは生まれないのではないかと思います。

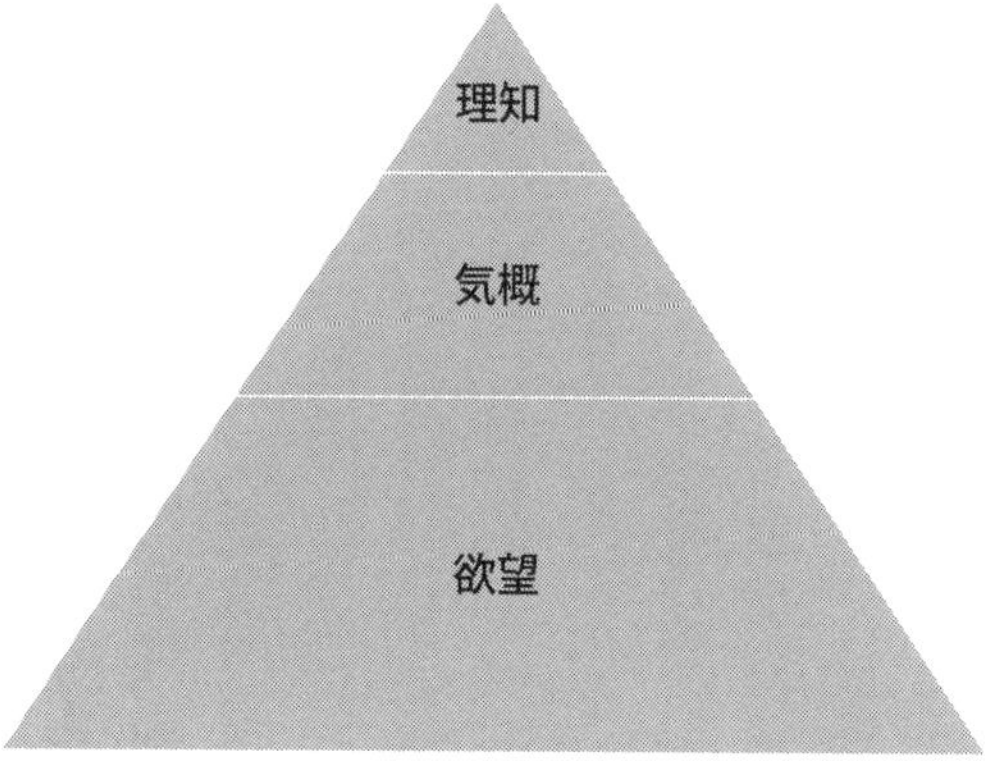


魂の三区分説

決して１００パーセントの徳をもちなさいというわけではありません。でも、よい生き方を支える知恵を分けもっておかないと、それぞれの個性も活かされない。なぜなら、人間は脆（もろ）く、崩れやすい存在だからです。

プラトンが説いた魂の三区分説というものがあります。人間の魂をピラミッドのような三層の形で考えたものです。

そのピラミッドのなかでいちばん大きな部分は底辺の「欲望」で、食物や性愛や金銭を求める欲望的な部分です。その部分より小さい部分が真ん中の

「気概」、名誉や勝利を求める強い意志、気性（きしょう）です。激情とか勇気に関わっています。いちばん上は「理知」、ロゴス、知的な部分ですが、これが最も小さい。これが人間の魂の構造、すなわち人間のありようです。

どんな人間も、たとえ哲人王であっても、哲学者であっても、人間というのはこういう存在です。大部分は合理的ではなく、非合理的で欲望的、情動的な部分が占めているのが人間なのです。知的な部分はごくわずかです。

その小さな部分で、欲望的な部分とか情動的な部分をある程度コントロールしてやらないと、人はうまく生きていけません。

徳をもった生き方というのは、知的な部分によって他の部分がある程度うまくコントロールされている、調和のとれた状態だと考えることができます。

そういったあり方をもたないと、それぞれの個性はうまく発揮できない。それぞれの社会的な役割とか家族の役割も、うまく発揮できない。そういう考え方です。

## 徳は生まれもったものか、教育によるものか

徳というとき、四つの基本的な徳——節度、正義、勇気、知恵という場合もありますし、それぞれの職種とかそれぞれの仕事の中での徳という言い方もできます。徳は誰にでもある

からです。

ただし、徳は生得的に備わっているのかといったら、ちょっと違うでしょう。社会の中で、教育とか学習も含めて培われていくものだと思います。

最初は快・苦の訓練からはじまります。小さな子どもは理性、分別をもたないので、快と苦の訓練によって、子どもの教育ははじまります。こうやったらよい、ほめられる。こうやったら叱られる、だからしない。そういった快と苦の訓練を積み重ねて、よいことを喜ぶ人間を育てていきます。

何を快として感じるか、何を苦として感じるか。子ども時代の教育は、人間にとってとても影響が大きいとプラトンは書いています。幼児教育は非常に大切だ。それは音楽・芸術と遊びによっておこなわれる。美しいものを根っから喜んで、醜い不正なことを憎み、嫌だと思う。そういう教育をして感性を育て、理知によって把握できるようになれば、感性と理性が協調して徳を生む。

人間は、自然本性としていろいろな個性をもっているわけですが、その社会、共同体として、不正なこととか悪に対しては、やはり醜いとか悪いと感じる教育をしていかないといけない。それは、教育を通じた徳の教育につながっていくわけです。

ただ、それをあまり強くいうと、全体主義的な考え方じゃないのか、という批判が出てきてしまうのですが……。

## 徳の力をリアルにとらえていたギリシア人

ギリシア人にとっての徳は、それをもつことによってすぐれた者になれる、というものでした。ある意味、学力、体力のようなものです。その力をもつことによって、ほかの人より抜きん出た人間になれるという考え方なのです。

実際にソフィストたちはみずからのことを、徳を教える、徳の教師だといっていました。自分の教育を受ければ、その人は国家にとって有用な人物になれる、徳の高い人物になれるということを掲げたので、たくさんの人が多くのお金を払いました。〝学力〟ならぬ〝徳力〟に特化した私塾といったところでしょうか。

人間をすぐれた者にしてくれる力としての徳、それをギリシア人はすぐイメージできたので、徳を当たり前のものとして求めたのです。

それに対して日本人の場合は、徳＝道徳的な徳になってしまいますから、徳はそれほど必要とは思わないかもしれない。自分は庶民(しょみん)だから、徳なんてそんな高尚(こうしょう)なものはいらない、となりがちです。徳という言葉自体が、日本語訳としてふさわしくなかったのかもしれません。

でも、徳というのが、その人を本当にすぐれた有用な人間にするものだと考えたら、必要だと思うはずです。古代ギリシア人のように、徳の力をリアルにイメージできるようになれば、日本人も変わってくるのかもしれません。

## 2　国や企業にこそ徳が必要

### 技術は自然を超えられない

古代ギリシアには、技術はプロメテウスによって人間に与えられたという神話があります。そのことをとり上げた作品に、『縛(しば)られたプロメテウス』というアイスキュロスの悲劇作品があります。プロメテウスは、ゼウスに反抗して、人間に火と技術を与えて滅びから救ったために罰を受けます。大きな岩山に縛りつけられ、日々責め苦を受けるプロメテウスが、人間にどのような技術を与えたかを物語ります。

このプロメテウスの話には、技術について三つの原則が含まれていると指摘されています。一つ目は技術というのは、ある意味でいうと、知の福音(ふくいん)である。それによって人々の生活をよくすることができる。寒さをしのいだり、物をつくったりできて、人々の生活を豊かにできます。

二つ目は、技術は、自然に比べると圧倒的に力が弱いということです。自然のもつ必然の力を技術は超えられない。いくら技術が進歩しても、自然がもつ必然の力を超えることはできません。

たとえば、大きさ約1センチのハエを現代の遺伝子操作技術で改良し、10センチぐらいのハエをつくったとします。10センチぐらいだったらいけるかもしれませんが、ゾウの大きさのハエをつくることはできないでしょう。遺伝子をいくら操作しても、ハエがゾウの大きさになったら、構造的に自分の身体を支えきれなくてつぶれてしまいます。

自然というのは、そういった〝禁じ手〟をもっているのです。つまり、自然に比べて技術の力ははるかに弱いのです。

技術には限界がある。自然災害を考えても、たぶんそうだと思います。さまざまな災害を技術の力ですべてコントロールできるかといったら、無理でしょう。やっぱりそれほどの力は、技術にはないのです。知の福音としての技術はあるけれども、それは自然に比べたら小さい、弱いものにすぎない。

三つ目は、プロメテウスが与えた希望についてです。プロメテウスは、火や技術を人間に与えるに先立って、運命が前もって見えないようにするため、人間に「盲目（もうもく）的な希望」を与えたと語ります。それは技術についていえば、技術が進歩すれば人間の幸福が間違いなく達成されると信じて疑わないような「希望」です。

希望は希望でも、それは先の見えない希望、「盲目の希望」です。技術によって、私たちの生活や世界はどんどんよくなっていくという幻想を抱かされる。でも、じつはそれは先の見えない希望なのです。

技術によって社会がよくなるとはかぎりません。そういったものとして技術を考えておかないと、非常に危うい、ということです。これはとても示唆（しさ）に富んだ見方です。

## 技術は幸福をもたらすか

原子論者のルクレティウスは、技術の進歩について、このように書いています。

原始の人間は、動物のように力が強く、裸（はだか）でも生きていけた。それが衣服を着るようになり、家に住むようになって、暮らしがだんだんよくなった。人間は、雷（かみなり）が木に落ちて火が起きたりする自然現象を見ながら、火を使うことを覚えた。その技術をだんだん進化させていった――。これは進化論的な文明史といえます。

しかし、いろいろな技術の発展は、本当に人々に幸福をもたらしてきたかどうかは疑問だ、とも書いています。

ある時期には毛皮がいいと思ったが、その次は紫の布の美しい織物でないとダメだと思うようになる。そういった限りない欲望が、戦争を引き起こしている。技術の進歩によって戦争の道具も高度になって、鎌を装備した戦車で人々を八つ裂きにするような、より悲惨な戦争を起こすようになる、と。

人間が本当に技術の進歩によって幸福になるかといったら、そうとばかりはいえないのです。

## 自然を改変しようとする技術が隆盛

物質を還元していくと最小単位の原子がある、とした古代原子論の考え方は、その後、形を変えつつ、現代までつづいています。

古代ギリシアの四元素（火・空気・水・土）説から発展した中世の錬金術は、元素の性質を変えることで貴金属である金を生み出そうとしました。蒸気機関を発明した産業革命では、蒸気をエネルギーに変換し、大量生産を可能にしました。これを機に、世界は爆発的に変わっていきます。

科学の発展とともに、物質の構成要素として元素が考えられ、近代原子論へと衣替えし、現代では物理学の発展により原子よりさらに極小の素粒子が見つかっています。生物学でも、細胞より小さい遺伝子、さらにその本体のＤＮＡも発見されました。

こうした知識と技術の進歩により、われわれの生きる現代社会では、こう考えるのが当たり前になっています。

物質を構成しているものがあれば、その組み合わせを変えて、新しいものをつくることができる。ならば、人間が利用できる、もっと都合のいい物質をどんどんつくろう。ないものはつくればいい。

実際にそうやって、プラスチックやさまざまな新素材がつくられ、収穫量の多い遺伝子組み換え作物ができ、と自然界にはなかった新しいものが次々と誕生しています。

自分たちの生活をより便利にしたり、富を増やすために技術を使う。自然というものは、その技術を使って消費していく対象になっているかのようです。

遺伝子工学では、その対象が生命そのものにも向けられており、新たなウイルスや未知の危険な生物の誕生が危惧されているなどと聞くと、心がざわつきます。

気がつけば、古代原子論者の思想とはずいぶん遠くまで隔たってしまいました。自分たちの生活に、原子の構造を組み換えたり、利用しようという考え方は、ルクレティウスにはありません。古代原子論者には、一切そういう考えはない。そういう技術や仕組みを知っていたとしても、利用したいとは考えないでしょう。

なぜなら、近現代科学と古代原子論では目指すものが異なるからです。

古代原子論者は、人々を死の恐怖や宗教の束縛から解放することが目的でした。死は逃れられないものだが、恐れるに足らず、と解き明かし、人々に心の平静を与えようとしていたのです。

一方、近現代の科学者はそうではなく、自分たちの技術を使って物質を、自然を改変し、より利便性の高いもの、有益で快適なものをつくりたい、というモチベーションです。その結果、人々は欲望をかき立てられます。「もっと、もっと」と果てのない欲望充足の道がつづきます。

## 国や企業に「正義」はあるか

私は、大学の授業では工学部の学生に工学倫理（技術者倫理）というものを教えています。企業のいろいろな技術に関わる事件や事故を取り上げて、企業の方に講演してもらったりすることもあります。彼らは、２０００年ぐらいに企業の多くが変わったといっています。価値基準に変化があったのです。

２０００年頃からコンプライアンス（法令遵守（じゅんしゅ））が重要視されるようになり、大きく潮目が変わりました。企業の社会的責任（ＣＳＲ：Corporate Social Responsibility）というものが、すごく重要になった。利益の追求だけでなく、人権問題や環境問題への配慮、地域社会への貢献など、生産活動を通じて、企業も社会の一員＝企業市民としての責任を果たすことを求められるようになった。

日本の企業も、公正な経営を掲げるようになってきたのです。いかに公正な企業運営をしているかが、企業ブランドのイメージや信頼性のいちばんの基礎になりました。ＳＤＧｓ（Sustainable Development Goals: 持続可能な開発目標）もそうですし、国連総会でスウェーデンのグレタ・トゥーンベリさんが発言をすると、それによって企業の姿勢が変わるようになった。10代の一人の少女の行動とスピーチによって、環境についてきちんと対応しないと、もうその企業には投資しないといわれてしまう流れができたわけです。

自動車産業はながらく日本経済の基幹です。二酸化炭素など温室効果ガスの排ガス規制、ＥＶ車と脱ガソリン化の加速により、いよいよガソリン車は売れないという状況になってきています。自動車メーカーは生き残りをかけて、環境に配慮した車にシフトしようとしています。

世界を見渡すと、公正さとか企業の正義、環境を含めた正義が企業にも重要になってきている、ということです。企業に徳が求められる時代になった、ということでしょう。

正義とは何かを問う「正義論」は、古代ギリシアから哲学のジャンルとして議論がつづいています。端的にいえば、正しく生きること。それぞれのなすべき役割を果たして正しく生きることでしょう。企業の行動が問われています。

ただ、日本の中での議論には、よくわからないことがあります。

たとえば、日本で環境問題を論ずると、レジ袋をみんないっせいに取りやめてエコバッグを使うべし、となってしまいました。それで環境にプラスになるという話ですが、本当にそうなっているのでしょうか。家庭のゴミを入れるのにレジ袋を重宝していた人は大勢いるし、新たにゴミ袋を買ったり、エコバッグをつくるために資源を使うことにならないのでしょうか。

そのことで、プラスチックの製造量をどれだけ減らせるのか、本当に環境にとってプラスになるのかどうかをきちんと見きわめないまま、雰囲気で「エコ」な気分になってしまうと、解決が遠のいてしまいます。そうしたことよりもっと大きな問題があるのではないか。

年間に世界で4億トン（これは全人類の総体重に匹敵するそうです）も製造されているプ

ラスチックの製造や販売自体を法律で抑制するとか、石油、石炭、液化天然ガスを使って電力をつくっているような国や社会のあり方を、大きく見直さないと、地球環境はよくなっていかないのではないでしょうか。

そして、そのときに大前提として、環境問題についても「正義とはいったい何なのか」まで議論をしないと、前進しないのではないかと思います。コンビニにエコバッグを持っていくことが徳なんだ、という論点のすり替えが起こると嫌だなという感じがします。

正義とは何か、と社会的な広がりで議論をせずに、個人に責任を負わせていくことが倫理的というのは、違うのではないか。

## 徳は国家・社会のあり方の指標

本章の出だしで徳と個人の生き方の話を先にしてしまいましたが、じつは古代ギリシア人が考えた徳というものは、もっと社会性、共同性と結びついたもので、国家、社会のあり方の指標だったと考えています。

そもそも、正義が個人の徳というのは、ちょっと違和感をおぼえる人もいると思います。正義というのは社会的概念だろう、と。それを個人の問題として語るとどうなるか。

日本では個人の正義というと、コロナ禍の「自粛警察」のようになって、偏った正義感を振りかざし、従わない者を攻撃したり排除したりしがちです。そういう人間をはたして正義漢と呼べるのか。

正義が徳であるのであれば、その正義というのは、社会的な意味を含めた正義であっていいはずだし、節制、節度というのも、そういった意味でのものであるはずです。

単に健康のために節制して食べすぎない、ということだけでなく、私たちがどんな生活をするのかを含めて節制や節度というものが考えられていい。

国や行政のあり方、企業や農業の生産活動にまで広げて、広く徳ということを考えておかないといけないはずです。個人の問題に矮小化するのは、違うのではないかと思います。

## 高齢者は政治に参加すべきか

国政への不満や問題点に対しては、投票という行為を通じて自分たちの意思表示ができます。私企業についても、企業が公的な存在となっている現代では、株式購入やネットでの示威行為など、さまざまな関与の仕方があるでしょう。

では、人は高齢になってもそうした社会的な問題に対して関心を払い、関与しつづけるべきか否か、という問いが出てくるのではないでしょうか。

それに対するアンサー本が、プルタルコスの『老人は政治に参与すべきか』です。

『対比列伝』で有名なプルタルコスはローマ期に活躍した著述家です。彼はまた、同時代を生きる人々に向けて、友情、結婚生活、食事と健康など日常生活の身近なテーマで多くの著作を書きました。

その中の一つが『老人は政治に参与すべきか』です。第1章でも触れましたが、この本は政治の場から引退することについて相談してきた友人にあてて、プルタルコスが書いた返事だとされています。

高齢者の政治参加について、プルタルコスは「政治にたずさわる者は老年を理由に公的生活から引退すべきではない」と述べています。

人間は「社会的で共同体をつくって生きる動物」だから、というのがその理由の一つです。社会的動物と聞くと堅苦しい感じがしますが、社会をつくって暮らす生きものは人間だけではありません。身近なアリやハチもそうで、巣をつくり、共同生活をいとなむ社会性昆虫といわれます。

プルタルコスによれば、共同体の一員としてよく生きることが人生の生きる目的であり、その活動には終わりがありません。なぜなら私たち人間には、そうした自然本性が与えられているからです。

また、現代の高齢者の心をくすぐるこんなことも書いています。

「老人を捨てる国家は、名声や権力には飢(う)えているが政治をおこなう知性を欠いた若者たちで満たされること必定(ひつじょう)である。リュケイオンで本を読んだり書いたり、政治学について学校の演習をしただけで、百戦錬磨(れんま)のデマゴーグや将軍たちに立ち向かった数多くの経験がないとすれば、どうして若者が国家を正しく運営し、民会や政務審議会を説得できるだろうか。(中略)老人の思慮分別が、名声と野心に酔った、沸(わ)き立つ若さと混ぜ合わされると、正気のなさと過激さを取り除くことになる」

(プルタルコス『老人は政治に参与すべきか』)

プラトンの「夜明け前の会議」と同じ発想ですね。プルタルコスは思想的にはプラトンの流れを汲むと位置づけられ、プラトンをはじめとする哲学を日常生活に応用しようとしていました。

しかし、「老人を捨てる国家」とは強烈な言い方です。ただ、少子高齢化の現代日本においては、「老人を捨てる」というより、高齢人口が優勢なため、むしろ「老人天国」となっています。そこから「シルバー民主主義」などといわれる問題も出ています。

プルタルコスは、老年になったら若者と同じようなやり方で同じ仕事をするのではなく、活動を軽くして、適度な負担で公的な奉仕をすべき、とも語っています。

これは高齢者の政治参加だけでなく、誰にとっても働き方にとっても大切なポイントです。さまざまな身体的事情や制約をもつ人たちが、それぞれに合ったやり方で働ける、関われることが参加者の門戸を広げます。

もちろん、老人にくぎを刺すことも忘れてはいません。

「毎回の選挙にいつも立候補し、法廷や審議会から与えられるすべての機会を待ち構え、大使になる機会を得ようとする、過度な野心と名誉欲を避けるべきである」

「老人は会合に出席しても、沈黙（ちんもく）を守り、若い人たちに話をさせ、政治的野心にかかわる競技の審判者のようにふるまう。（中略）みずから進んで負けを認めて、自分の意志に従わせるために説得するのをあきらめる。それは、若い人たちが、力と勇気をもって成長するためである」

（前掲書）

当選十何回という国会議員の重鎮（じゅうちん）たちや、後継者を育てずいつまでも最前線で頑張ってしまう高齢リーダーたちには、耳の痛い言葉でしょう。

そもそも、政治参加ということについて、プルタルコスはこんなふうに語っています。

「心に銘記しておかねばならないのは、政治にかかわることとは、官職についたり、大使に任命されたり、民会で大声を張り上げたり、演壇の上で激高して演説したり、提案したりすることにかぎられないことである」

「政治をすることは、哲学することに似ている。ソクラテスは、講義用の長椅子を置いたり、椅子に腰かけたり、決められた時間に弟子と議論するため逍遥することなどを守らなかったが、しかし、弟子と共にときにはふざけ、飲み、従軍し、誰かと市場へ出かけた。ついに最後は牢に繋がれて、毒を仰いだ。そうして彼は哲学したのだ。人生のあらゆる時と場面が、あらゆる経験と行為において、あまねく哲学を受け入れることを示したのは、彼が最初であった」（前掲書）

政治参加とは特別なことではありません。日常の生活において公共の精神をもって生きることこそが、じつは真の政治的行動なのです。

そうした広い意味での政治参加、公的活動をすることによって、よい人生を歩んできた老人のもつすぐれたものが、世の中や多くの人によい影響を与えます。老人のもつすぐれたものを、プルタルコスは「理性」「見識」「率直さ」「思慮」としています。

高齢になったからこそできる、国や社会への日常的なかかわり方を、プルタルコスの著作は示しています。

## 3 「充実した閑暇」という視点

### よりよく生きるために暇をもつ

プルタルコスとは反対に、老年における公的活動は避けるべきもので、望ましいのは閑暇（かんか）であると考えていたのはセネカです。閑暇とは、つまり暇（ひま）のことです。

ストア派のセネカは、プルタルコスの一世代ほど前に活躍したローマ帝政期の哲学者・政治家です。皇帝ネロの師でもあったことは先述のとおりです。

セネカは『閑暇について』という小編で、こんなことを書いています。

国家が腐敗や堕落（だらく）しているとき、国政へ参加したり政治的な働きかけなどの努力をしても、それが報（むく）われないことがあります。いや、実際にはそちらのほうが多いかもしれません。強固な支配体制を敷いている国家では、なおさらです。

そうした場合にはさっさと公的活動から身を引いて、みずからの徳を養うほうがよい、とセネカはいいます。

自分の徳を磨き、すぐれた人間になることは、まわりまわって他の人にとっても有益なことです。徳のある人間が増えれば、社会はだんだんよくなっていくでしょう。これは決してわが身のことだけを考えたエゴイスティックな生き方ではなく、広く社会に貢献する生き方となるというのです。

セネカのいう閑暇とは、現代のものとは異なります。ものを考えたり、思索を深めたりする、要するに「何かをするための暇」なのです。


セネカによれば、世俗を離れて心静かに暮らす生活のほうが、じつは国家のためにはよりよく尽くすことができます。徳とは何か、人間をよくするものは何か、神とは何か、宇宙は不滅かといった問題を考察することによって寄与するのです。

ストア派のモットーは、キュニコス派と同じく「自然にしたがって生きること」ですが、その自然が人間を生んだのは、宇宙万有の観想と行動のためです。それゆえ、観想のための閑暇をもつことが必要になります。

また、じっと家に引きこもって観想だけしていればいい、というわけではありません。観想は行動をともなうものなのです。なぜなら、行動をともなわない徳や、学んだことを現実に活かすことなく「暇に過ごす」ことを目的としてしまうなら、それは不完全で無気力なものになってしまいます。

セネカはいいます。閑暇の生活に入るそもそもの目的は、後世に役立つことを実行するため、ということを忘れてはならない、と。

ローマ時代の暇は単なる余暇ではなく、いわば「充実した暇」。閑暇とは、哲学的には、よりよく生きるための知恵です。

## 日本にもかつてあった隠居制度

ちょっと前までは、会社で定年になったらもうやることがなくなってしまう、生きがいの創出が必要だ、などといわれていました。会社に縛られすぎた会社人間が大勢いた時代だったからだと思いますが、その当時でも、何か自分のやりたいことをもっていた人は定年後も楽しく生きられたのではないでしょうか。

いま、70歳定年などといわれ、定年はどんどん延長されています。定年制をやめてしまう会社もありますが、そういうのは間違いだとセネカだったらいいそうです。なぜなら、公務より閑暇のほうが大事だからです。

セネカといえば『人生の短さについて』が人気ですが、公的活動から早く引退すべきと、こんなふうに述べています。

「多数の人々が次のようにいうのを聞くことがあろう。『私は50歳から暇な生活に退こう。60歳になれば公務に別れを告げるつもりだ』。では、おたずねしたいが、あなたは長生きをするという保証でも得ているのか。あなたの計画どおりに事が運ぶのをいったい誰が許してくれるのか。人生の残りものを自分のためにとっておき、もはや何の仕事にも活用できない時間をよき魂の涵養のために当てることを、恥ずかしいと思わないのか。生きることを終える土壇場になって、生きることをはじめるのでは、時すでに遅し、ではないか。有益な計画を50歳や60歳までも延ばしておいて、わずかな者しか行けなかった年齢からはじめて人生にとりかかろうとするのは、なんと人間の死すべきことを忘れた愚劣ではないか」

（セネカ『人生の短さについて』）

昔、日本の旧民法では隠居制度がありました。家長権を息子に譲り、隠居する。年齢的には60歳という規定があって、60歳以降は、もう自分は隠居だといって、戸主など社会的役割やいろいろな役目を一切やめて、自分の好きなことに生きる。そういう制度が、かつては日本にもあったのです。

隠居後に、大事業をなし遂げた伊能忠敬（いのうただたか）もそういう生き方です。50歳頃に隠居して、20年近くかけて蝦夷（えぞ）地から九州まで全国各地を歩いて測量し、日本全土の地図の作成に情熱を傾けました（地図の完成は没後）。

早期リタイアは現代の日本ではなかなか難しそうです。でも少なくとも、多忙がいいという若い頃の価値観をそのままもちつづけるのではなく、「暇」ということについても考えてみたほうがよさそうです。

## 自分の世界観をつくる観想のすすめ

暇な時間に何をするのか。セネカのおすすめは、観想です。観想の一つとして哲学を研究するのです。

哲学を研究するのは精神的な活動です。そういう点で、セネカはきわめて活動的でした。いろいろなことに関心を抱き、宇宙や神のことから徳のことまで、何でも考えています。自然学的著作を書いたり、小説のような劇も書いています。これらすべてが思索に含まれます。

観想はギリシア語で「テオーリアー」といいます。テオーリアーというのはセオリーという言葉の元になったもの。だから、理論をつくるための思索です。内なる理性にしたがって、観て、観察して、理論をつくり、世界を理解する。

つまり、テオーリアーは世界の見方、世界観のことです。哲学者は、自分はこういうふうに世界を見るという形で考えます。古代ギリシアの場合には、自然世界、宇宙全部を含めた世界を見て観想することができました。

科学が領域を広げた結果、近代の哲学者はそこまでいえなくなっている。なかなか自然科学まで含めて世界や宇宙を語れません。でも本当のことをいえば、世界観は、自然のあり方を含めてこそのものです。

テオーリアーは、あらゆる思索を含みます。自然をどう考えるのかを追究すれば自然観、老年をどう考えるかなら老年観になります。

自分はこうやって見るという考えをまとめるのです。対象が何であろうと、その世界に対する自分の見方を、書物やいろいろなものを参考にしながらつくりあげていく。それがテオーリアーで、観想の世界だと思います。

真理を追究することだって悪くはありません。自分がこれまでに見ている世界とは異なる、より真なる世界を求める。プラトンのようにイデアを求めていいと思います。

いまの日本において身近にできることでいえば、詩を書いたり、短歌を詠(よ)んだり、俳句をつくったり、あるいは絵を描いたり……、哲学だけでなく、そうしたことを含めて観想と考えてもいいのではないでしょうか。それぞれには作風や画風と呼ばれるものができてきます。それこそが自分の世界観を表現するものですから。

## 完熟の老年期という理想

「自然にしたがって生きること」を目指したストア派は、禁欲主義的（ストイック）で厳格なイメージがあります。ですが、老年は人生の最後の楽しい時だ、とセネカはこんなふうに語っています。

「果実が最も心を喜ばせるのはその季節が過ぎ去る頃、若さが最も美しいのはそれが終わる頃。酒に溺（おぼ）れる人々の楽しみは最後の一口。（中略）どんな楽しみも、いちばんに楽しいことは最後までとっておく。いちばん楽しい年齢はすでに下り坂ではあっても釣瓶（つるべ）落としではない頃で、もう軒（のき）の端（つま）に立っている年齢でもそれにふさわしい楽しみがあると私は思う。もし、ないとしても、楽しみを必要としないこと自体がもろもろの楽しみに取って代わっている」

（セネカ『倫理書簡集』）

「人生下り坂最高！」という火野正平（ひのしょうへい）さんの言葉も頭に浮かびますね。自転車少年だった火野さんは、ＮＨＫの番組で、視聴者の「こころの風景」を訪ねて日本縦断の旅をしていました。私も大好きな番組です。

この章の冒頭で紹介した『老年について』のキケロも、セネカと同じく、ポジティブな老年像を語っていました。しかし、第３章で述べたように、二人ともローマ期の政治家であったがゆえに、キケロは失脚後に暗殺、セネカは皇帝ネロから謀反（むほん）を疑われ自害、と非業（ひごう）の死を遂げています。

逆にいえば、失脚が死につながるほどの権力抗争で、血で血を洗う古代ローマに生きた政治家であったからこそ、理想の老年期を謳（うた）い上げた、といえるのかもしれません。

キケロは、「われわれが不死なるものになれそうにないとしても、やはり人間はそれぞれふさわしいときに消えるのが望ましい」と語っています。なぜなら「自然は他のあらゆるものと同様、生きるということについても限度をもっている」からです。

人間の知恵とは、自然にしたがい、そのプロセスを従容（しょうよう）と受けいれることにある、というキケロの考え方は、『老年について』の次の文章に最もよくあらわれているでしょう。

「果物でも、未熟だと力ずくで木からもぎ離されるが、よく熟れていれば、みずから落ちるように、命もまた、青年からは力ずくで奪われ、老人からは成熟の結果として取り去られるのだ。この成熟ということこそ私には、こよなく悦ばしいので、死が近づけば近づくほど、いわば陸地を認めて、長い航海の果てについに港に入ろうとするかのように思われる」

（キケロ『老年について』）

完熟した果物は、最も甘く充実した味を内に秘めたみごとな姿で、満ち足りて枝から離れていきます。人間も同じように完熟した結果、魂は喜んで肉体から解き放されていく――。

キケロは、老人になって衰えていく面ではなく、成熟していく面に目を注ぎます。実が熟して落ちていくように、人間も自然にしたがって生き、死んでいく。それが叶うなら、こんなによいことはありません。理想を目指して進んでいく。老年を恐れることはないという態度が見られます。

## 死のもう一つの姿

古代原子論では、人が死ぬと肉体も魂もバラバラの原子に解体されて、魂も残らなくなると説きました。多様な原子の組み合わせと運動によって、さまざまな性質をもつ物質が形成され、また原子へと解体される。老化も死も、その生成解体の変化の一つです。そして、解体された古い世代は、新しい世代の素材として使われ、次の世代が形成されます。

先にふれたルクレティウスの『事物の本性について』には、それがこんなふうに描かれています。

「こうして、物の総体はたえず新たにされ、
死すべき生きものたちは互いに依存しあって生きてゆく。
ある種族は栄え、ある種族は衰え、
つかの間にある生あるものの世代は終わり、あたかも
リレー走者のごとく生命の松明（たいまつ）を渡してゆく」

（ルクレティウス『事物の本性について』）

老いは、ある個体から原子が奪われていくことによって進行しますが、生きものたちは相互に原子をやりとりして、世代交代をくり返し、生命の松明を受け渡していきます。

「次の世代が生い立つためには素材が必要である。
しかしそれらの世代もまた一生を終えては、おまえのあとを追うだろう。
おまえと同じように、これまでの幾世代もが亡びてきたし、
これからも亡びるだろう。こうして次々と生まれてやむことがない。
生命は誰かの私有物でもなく、すべてのものに使用されるものだ」
（前掲書）

生命は私有物でなく、過去から未来へと何世代にもわたって、自然が永劫にくり返す世代交代と新陳代謝のいとなみ――。

そのような視点でとらえると、たしかに死の別の姿が見えてきます。

われわれの生は、永劫に世代交代をつづける自然の連鎖のほんの一つにすぎず、われわれが老いる意味は、次に新たな世代を生み出すことにあるのです。

生物は、次の世代のために老い、死んでいかねばならない。それによって世界の調和が保たれる。それもまた「よい」ことではないでしょうか。

## 著者略歴

一九五九年、兵庫県に生まれる。一九八三年、京都大学文学部西洋哲学史卒業。一九九一年、京都大学大学院文学研究科博士課程修了。名古屋工業大学教授。博士（文学）。

著書には『魂と世界――プラトンの反二元論的世界像』（京都大学学術出版会）、『老年と正義――西洋古代思想にみる老年の哲学』（名古屋大学出版会）、共著に『ルクレティウス「事物の本性について」――愉しや、嵐の海に』、訳書に『古代哲学』（以上、岩波書店）などがある。

# 「完熟」の老い探究

## ――プラトン・アリストテレス・キケロも悶悶

二〇二一年一〇月八日　第一刷発行

著者　瀬口昌久

発行者　古屋信吾

発行所　株式会社さくら舎　http://www.sakurasha.com

東京都千代田区富士見一-二-一一　〒一〇二-〇〇七一

電話　営業　〇三-五二一一-六五三三　FAX　〇三-五二一一-六四八一

編集　〇三-五二一一-六四八〇　振替　〇〇一九〇-八-四〇二〇六〇

装丁　石間　淳

写真　TomasSereda

印刷・製本　中央精版印刷株式会社



ISBN978-4-86581-313-5

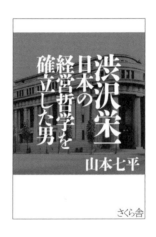